TRANZLATY

Tá teanga ann do gach duine

Language is for everyone

An Mhaighdean Mhara Bheag

The Little Mermaid

Hans Christian Andersen

Gaeilge / English

Copyright © 2023 Tranzlaty
All rights reserved.
Published by Tranzlaty
ISBN: 978-1-83566-962-4
Original text by Hans Christian Andersen
Den Lille Havfrue
First published in Danish in 1837
www.tranzlaty.com

Pálás an Rí Mara
The Sea King's Palace

I bhfad amach san aigéan, áit a bhfuil an t-uisce gorm
Far out in the ocean, where the water is blue
anseo tá an t-uisce chomh gorm leis an lus arbhair is deise
here the water is as blue as the prettiest cornflower
agus tá an t-uisce chomh soiléir leis an criostail íon
and the water is as clear as the purest crystal
uisce seo, i bhfad amach san aigéan an-, an-domhain
this water, far out in the ocean is very, very deep
uisce chomh domhain, go deimhin, nach bhféadfadh aon chábla an bun a bhaint amach
water so deep, indeed, that no cable could reach the bottom
d'fhéadfá go leor gruth eaglaise a charnadh ar a chéile
you could pile many church steeples upon each other
ach ní raibh na heaglaisí go léir in ann dromchla an uisce a bhaint amach
but all the churches could not reach the surface of the water
Tá an Rí Mara agus a dhaoine ina gcónaí ann
There dwell the Sea King and his subjects
b'fhéidir go gceapfá nach bhfuil ann ach gaineamh buí lom ag an mbun
you might think it is just bare yellow sand at the bottom
ach ní mór dúinn a shamhlú go bhfuil aon rud ann
but we must not imagine that there is nothing there
ar an gaineamh fás na bláthanna agus na plandaí strangest
on this sand grow the strangest flowers and plants
agus ní féidir leat a shamhlú cé chomh pliantach atá na duilleoga agus na gais
and you can't imagine how pliant the leaves and stems are
cuireann corraigh an uisce ar na duilleoga
the slightest agitation of the water causes the leaves to stir
tá sé amhail is dá mbeadh a saol féin ag gach duilleog
it is as if each leaf had a life of its own
Iasc, idir bheag agus mhór, ag sleamhnú idir na brainsí

Fishes, both large and small, glide between the branches
díreach mar a bhíonn éin ag eitilt i measc na gcrann anseo ar thalamh
just like when birds fly among the trees here upon land

Sa láthair is doimhne ar fad tá caisleán álainn
In the deepest spot of all stands a beautiful castle
is é an caisleán álainn seo caisleán an Rí Mara
this beautiful castle is the castle of the Sea King
tá ballaí an chaisleáin tógtha de choiréil
the walls of the castle are built of coral
agus tá na fuinneoga fada Gotach den ómra is soiléire
and the long Gothic windows are of the clearest amber
Tá díon an chaisleáin déanta as sliogáin mhara
The roof of the castle is formed of sea shells
agus osclaíonn agus dúnann na sliogáin de réir mar a shreabhann an t-uisce anuas orthu
and the shells open and close as the water flows over them
Tá a gcuma níos áille ná mar is féidir cur síos a dhéanamh orthu
Their appearance is more beautiful than can be described
laistigh de gach blaosc tá péarla glioscarnach
within each shell there lies a glittering pearl
agus bheadh gach péarla oiriúnach do chrainn banríona
and each pearl would be fit for the diadem of a queen

Bhí an Sea King ina bhaintreach fir le blianta fada
The Sea King had been a widower for many years
agus thug a mháthair aosta aire don teaghlach dó
and his aged mother looked after the household for him
Bean an-chiallmhar a bhí inti
She was a very sensible woman
ach bhí sí thar a bheith bródúil as a breith ríoga
but she was exceedingly proud of her royal birth
agus ar an gcuntas sin chaith sí dhá cheann déag d'oisrí ar a heireaball

and on that account she wore twelve oysters on her tail
ní raibh cead ag daoine eile d'ardchaighdeán ach sé oisrí a chaitheamh
others of high rank were only allowed to wear six oysters
Bhí ardmholadh tuillte aici, áfach
She was, however, deserving of very great praise
bhí moladh tuillte go háirithe aici as rud éigin
there was something she especially deserved praise for
thug sí an-chúram de na banphrionsaí beaga farraige
she took great care of the little sea princesses
bhí seisear gariníonacha aici a raibh grá aici
she had six granddaughters that she loved
leanaí álainn a bhí sna banphrionsaí farraige go léir
all the sea princesses were beautiful children
ach ba í an bhanphrionsa farraige ab óige an ceann is deise díobh
but the youngest sea princess was the prettiest of them
Bhí a craiceann chomh soiléir agus chomh mín le duille rósaí
Her skin was as clear and delicate as a rose leaf
agus bhí a súile chomh gorm leis an bhfarraige is doimhne
and her eyes were as blue as the deepest sea
ach, cosúil leis na cinn eile, bhí sí aon chosa
but, like all the others, she had no feet
agus i ndeireadh a corp bhí eireaball éisc
and at the end of her body was a fish's tail

Ar feadh an lae bhí siad ag súgradh i hallaí móra an chaisleáin
All day long they played in the great halls of the castle
amach as na ballaí an chaisleáin fhás bláthanna áille
out of the walls of the castle grew beautiful flowers
agus ba bhreá léi a bheith ag súgradh i measc na mbláthanna beo
and she loved to play among the living flowers
Bhí na fuinneoga móra ómra ar oscailt, agus na héisc ag snámh isteach

The large amber windows were open, and the fish swam in
tá sé díreach mar nuair a fhágann muid na fuinneoga ar oscailt
it is just like when we leave the windows open
agus ansin na fáinleoga deas ag eitilt isteach inár dtithe
and then the pretty swallows fly into our houses
ní raibh ach na héisc ag snámh suas go dtí na banphrionsaí
only the fishes swam up to the princesses
ba iad na cinn amháin a d'ith as a lámha
they were the only ones that ate out of her hands
agus thug siad cead dóibh féin a bheith stróicthe aici
and they allowed themselves to be stroked by her

Taobh amuigh den chaisleán bhí gairdín álainn
Outside the castle there was a beautiful garden
sa ghairdín fhás geal-dearg agus dorcha-gorm bláthanna
in the garden grew bright-red and dark-blue flowers
agus d'fhás blátha mar lasracha tine
and there grew blossoms like flames of fire
na torthaí ar na plandaí glittered mar ór
the fruit on the plants glittered like gold
agus na duilleoga agus na gais ag luascadh anonn is anall i gcónaí
and the leaves and stems continually waved to and fro
Bhí an talamh ar an talamh an gaineamh mín
The earth on the ground was the finest sand
ach níl dath an ghainimh seo atá ar eolas againn
but this sand does not have the colour of the sand we know
tá an gaineamh seo chomh gorm leis an lasair dó sulfair
this sand is as blue as the flame of burning sulphur
Thar gach rud a leagan radiance gorm aisteach
Over everything lay a peculiar blue radiance
tá sé amhail is dá mbeadh an spéir gorm i ngach áit
it is as if the blue sky were everywhere
bhí gorm na spéire thuas agus thíos
the blue of the sky was above and below

In aimsir chiúin d'fhéadfaí an ghrian a fheiceáil
In calm weather the sun could be seen
as seo d'fhéach an ghrian cosúil le bláth reddish-corcra
from here the sun looked like a reddish-purple flower
agus shruth an solas ó chalyx an bhláth
and the light streamed from the calyx of the flower

roinneadh gairdín an pháláis ina chodanna éagsúla
the palace garden was divided into several parts
Bhí a gcuid talún beag féin ag gach banphrionsa
Each of the princesses had their own little plot of ground
ar an plota seo d'fhéadfadh siad a phlandáil pé bláthanna is mian leo
on this plot they could plant whatever flowers they pleased
shocraigh banphrionsa amháin a leaba bláthanna i bhfoirm míol mór
one princess arranged her flower bed in the form of a whale
shocraigh banphrionsa amháin a bláthanna cosúil le mermaid beag
one princess arranged her flowers like a little mermaid
agus rinne an leanbh ab óige a gairdín cruinn, mar an ghrian
and the youngest child made her garden round, like the sun
agus ina ghairdín d'fhás bláthanna dearga áille
and in her garden grew beautiful red flowers
bhí na bláthanna seo chomh dearg le gathanna luí na gréine
these flowers were as red as the rays of the sunset

Bhí sí ina leanbh aisteach; ciúin agus tuisceanach
She was a strange child; quiet and thoughtful
léirigh a deirfiúracha taitneamh as na rudaí iontacha
her sisters showed delight at the wonderful things
na rudaí a fuair siad ó raic na soithí
the things they obtained from the wrecks of vessels
ach níor thug sí aire ach dá bláthanna deasa dearga
but she cared only for her pretty red flowers
cé go raibh dealbh marmair álainn ann freisin

although there was also a beautiful marble statue
ba léiriú é an dealbh ar bhuachaill dathúil
the statue was the representation of a handsome boy
bhí an buachaill snoite as cloch ghlan bhán
the boy had been carved out of pure white stone
agus bhí an dealbh tar éis titim go bun na farraige ó longbhriseadh
and the statue had fallen to the bottom of the sea from a wreck
don dealbh mharmair seo de bhuachaill a raibh cúram uirthi freisin
for this marble statue of a boy she cared about too

Phlandáil sí, taobh leis an dealbh, saileach gol ar dhath na rósaí
She planted, by the statue, a rose-colored weeping willow
agus go luath an saileach gol crochadh a brainsí úr ar an dealbh
and soon the weeping willow hung its fresh branches over the statue
shroich na brainsí beagnach síos go dtí an gaineamh gorm
the branches almost reached down to the blue sands
Bhí dath Violet ar scáthanna an chrainn
The shadows of the tree had the color of violet
agus na scáileanna waved anonn is anall ar nós na brainsí
and the shadows waved to and fro like the branches
chruthaigh seo go léir an illusion is suimiúla
all of this created the most interesting illusion
bhí sé amhail is dá mbeadh coróin an chrainn agus na fréamhacha ag súgradh
it was as if the crown of the tree and the roots were playing
d'fhéach sé amhail is dá mbeadh siad ag iarraidh a póg dá chéile
it looked as if they were trying to kiss each other

ba é an sásamh ba mhó a bhí aici ná cloisteáil faoin domhan thuas

her greatest pleasure was hearing about the world above
An domhan os cionn na farraige domhain ina raibh sí ina cónaí
the world above the deep sea she lived in
Rinne sí a seanmháthair a insint di faoin domhan uachtarach
She made her old grandmother tell her all about the upper world
na longa agus na bailte, na daoine agus na hainmhithe
the ships and the towns, the people and the animals
thuas ansin bhí cumhra ar bhláthanna na talún
up there the flowers of the land had fragrance
ní raibh cumhráin ar bith ag na bláthanna faoi bhun na farraige
the flowers below the sea had no fragrance
thuas ansin bhí crainn na foraoise glas
up there the trees of the forest were green
agus d'fhéadfadh na héisc sna crainn canadh go hálainn
and the fishes in the trees could sing beautifully
suas ann ba mhór an pléisiúr éisteacht leis an iasc
up there it was a pleasure to listen to the fish
a seanmháthair ar a dtugtar na héin fishes
her grandmother called the birds fishes
eile ní thuigfeadh an mhaighdean mhara bheag
else the little mermaid would not have understood
mar ní fhaca an mhaighdean mhara éin ariamh
because the little mermaid had never seen birds

d'inis a seanmháthair di faoi dheasghnátha na maighdeana mara
her grandmother told her about the rites of mermaids
"Lá amháin sroichfidh tú do bhliain déag"
"one day you will reach your fifteenth year"
"ansin beidh cead agat dul go dti an dromchla"
"then you will have permission to go to the surface"
"beidh tú in ann suí ar na carraigeacha faoi sholas na gealaí"
"you will be able to sit on the rocks in the moonlight"

"agus feicfidh tú na longa móra ag dul ag seoltóireacht"
"and you will see the great ships go sailing by"
"Ansin feicfidh tú foraoisí agus bailte agus na daoine"
"Then you will see forests and towns and the people"

an bhliain dár gcionn bhí duine de na deirfiúracha le bheith cúig bliana déag
the following year one of the sisters was going to be fifteen
ach bhí gach deirfiúr bliain níos óige ná an ceann eile
but each sister was a year younger than the other
bhí ar an deirfiúr is óige fanacht cúig bliana roimh a seal
the youngest sister was going to have to wait five years before her turn
ní thiocfadh léi éirí aníos ó bhun an aigéin ansin
only then could she rise up from the bottom of the ocean
agus gan ach ansin d'fhéadfadh sí an domhan a fheiceáil mar a dhéanaimid
and only then could she see the earth as we do
Mar sin féin, rinne gach ceann de na deirfiúracha gealltanas dá chéile
However, each of the sisters made each other a promise
bhí siad ag dul a insint do na daoine eile cad a bhí feicthe acu
they were going to tell the others what they had seen
Ní fhéadfadh a seanmháthair a dhóthain a insint dóibh
Their grandmother could not tell them enough
bhí an oiread sin rudaí ar theastaigh uathu eolas a fháil fúthu
there were so many things they wanted to know about

ba mhó a theastaigh ón deirfiúr ab óige ná a seal
the youngest sister longed for her turn the most
ach, bhí uirthi fanacht níos faide ná na cinn eile
but, she had to wait longer than all the others
agus bhí sí chomh ciúin agus tuisceanach ar an domhan
and she was so quiet and thoughtful about the world

is iomaí oíche a sheas sí taobh leis an bhfuinneog oscailte
there were many nights where she stood by the open window
agus d'fhéach sí suas tríd an uisce gorm dorcha
and she looked up through the dark blue water
agus d'amharc sí ar an iasc agus iad ag spalpadh lena n-eití
and she watched the fish as they splashed with their fins
D'fhéadfadh sí an ghealach agus na réaltaí a fheiceáil ag taitneamh go smior
She could see the moon and stars shining faintly
ach ó domhain faoi bhun an uisce tá cuma difriúil ar na rudaí seo
but from deep below the water these things look different
d'fhéach an ghealach agus na réaltaí níos mó ná ár súile
the moon and stars looked larger than they do to our eyes
uaireanta, chuaigh rud éigin cosúil le scamall dubh anuas
sometimes, something like a black cloud went past
bhí a fhios aici go bhféadfadh sé a bheith ina míol mór ag snámh thar a ceann
she knew that it could be a whale swimming over her head
nó d'fhéadfadh sé a bheith ina long, lán de dhaoine
or it could be a ship, full of human beings
daoine nach raibh in ann a shamhlú cad a bhí thíos leo
human beings who couldn't imagine what was under them
maighdean mhara bheag dheas a lámha bána amach
a pretty little mermaid holding out her white hands
mermaid beag deas ag sroicheadh i dtreo a luinge
a pretty little mermaid reaching towards their ship

Siúracha na Maighdeana Beaga
The Little Mermaid's Sisters

Tháinig an lá nuair a bhí a cúigiú breithlá déag ag an mhaighdean mhara ba shine
The day came when the eldest mermaid had her fifteenth birthday
anois bhí cead aici ardú go dromchla na farraige
now she was allowed to rise to the surface of the ocean
agus an oíche sin shnámh sí suas go dtí an dromchla
and that night she swum up to the surface
is féidir leat a shamhlú na rudaí go léir a chonaic sí suas ann
you can imagine all the things she saw up there
agus is féidir leat a shamhlú na rudaí go léir a raibh sí chun labhairt faoi
and you can imagine all the things she had to talk about
Ach an rud ab fhearr, a dúirt sí, ná luí ar bhruach gainimh
But the finest thing, she said, was to lie on a sand bank
san fharraige chiúin moonlit, in aice leis an gcladach
in the quiet moonlit sea, near the shore
uaidh sin bhí sí ag amharc ar na soilse ar an talamh
from there she had gazed at the lights on the land
ba iad soilse an bhaile in aice láimhe iad
they were the lights of the near-by town
bhí na soilse ag twinkled cosúil leis na céadta réalta
the lights had twinkled like hundreds of stars
d'éist sí le fuaimeanna an cheoil ón mbaile
she had listened to the sounds of music from the town
chuala sí torann na gcapall a tharraing na capaill
she had heard noise of carriages drawn by their horses
agus bhí guthanna na ndaoine cloiste aici
and she had heard the voices of human beings
agus chuala siad spealadh na gcloch go suairc
and the had heard merry pealing of the bells
na cloigíní ag bualadh sa séipéal steeples
the bells ringing in the church steeples

ach ní fhéadfadh sí dul in aice leis na rudaí iontacha seo go léir
but she could not go near all these wonderful things
mar sin bhí fonn uirthi na rudaí iontacha seo níos mó fós
so she longed for these wonderful things all the more

is féidir leat a shamhlú cé chomh fonnmhar a d'éist an deirfiúr is óige
you can imagine how eagerly the youngest sister listened
bhí na tuairiscí ar an domhan uachtarach cosúil le aisling
the descriptions of the upper world were like a dream
ina dhiaidh sin sheas sí ag an fhuinneog oscailte a seomra
afterwards she stood at the open window of her room
agus d'fhéach sí ar an dromchla, tríd an uisce dorcha-gorm
and she looked to the surface, through the dark-blue water
smaoinigh sí ar an gcathair mhór a dúirt a deirfiúr léi
she thought of the great city her sister had told her of
an chathair mhór lena fuadar go léir
the great city with all its bustle and noise
fancied sí fiú go bhféadfadh sí a chloisteáil ar an fhuaim na bells
she even fancied she could hear the sound of the bells
shamhlaigh sí fuaim na gcloch a iompraíodh go doimhneacht na farraige
she imagined the sound of the bells carried to the depths of the sea

tar éis bliana eile bhí a breithlá ag an dara deirfiúr
after another year the second sister had her birthday
fuair sí cead freisin chun snámh suas go dtí an dromchla
she too received permission to swim up to the surface
agus uaidh sin d'fhéadfadh sí snámh faoin áit ar mhaith léi
and from there she could swim about where she pleased
Bhí sí imithe ar an dromchla díreach mar a bhí an ghrian ag dul síos
She had gone to the surface just as the sun was setting

ba é seo, a dúirt sí, an radharc is áille ar fad
this, she said, was the most beautiful sight of all
Bhí cuma diosca d'ór íon ar an spéir ar fad
The whole sky looked like a disk of pure gold
agus bhí violet agus rós-daite scamaill
and there were violet and rose-colored clouds
bhí siad ró-álainn le cur síos a dhéanamh orthu, a dúirt sí
they were too beautiful to describe, she said
agus dúirt sí mar a ghluais na scamaill trasna an spéir
and she said how the clouds drifted across the sky
agus bhí rud éigin ag eitilt níos gasta ná na scamaill
and something had flown by more swiftly than the clouds
d'eitil tréad mór ealaí fiáin i dtreo luí na gréine
a large flock of wild swans flew toward the setting sun
bhí na healaí cosúil le brat fada bán trasna na farraige
the swans had been like a long white veil across the sea
Bhí iarracht déanta aici freisin snámh i dtreo na gréine
She had also tried to swim towards the sun
ach tamall uaidh chuaigh an ghrian isteach sna tonnta
but some distance away the sun sank into the waves
chonaic sí mar a fadaigh na dathanna rósaí ó na scamaill
she saw how the rosy tints faded from the clouds
agus chonaic sí mar a bhí an dath imithe freisin ón bhfarraige
and she saw how the colour had also faded from the sea

an bhliain dár gcionn bhí sé seal an tríú deirfiúr
the next year it was the third sister's turn
ba í an deirfiúr seo an ceann is dána de na deirfiúracha go léir
this sister was the most daring of all the sisters
shnámh sí suas abhainn leathan a d'fholmhaigh isteach san fharraige
she swam up a broad river that emptied into the sea
Ar bhruach na habhann chonaic sí cnoic glasa
On the banks of the river she saw green hills

bhí na cnoic glasa clúdaithe le fíniúnacha áille
the green hills were covered with beautiful vines
agus ar na cnoic bhí foraoisí crann
and on the hills there were forests of trees
agus amach as na foraoisí palaces agus caisleáin poked amach
and out of the forests palaces and castles poked out
Bhí éin cloiste aici ag canadh sna crainn
She had heard birds singing in the trees
agus bhraith sí gathanna na gréine ar a craiceann
and she had felt the rays of the sun on her skin
bhí na gathanna chomh láidir sin go raibh uirthi tumadh ar ais
the rays were so strong that she had to dive back
agus do chonnairc sí a aghaidh dhó san uisge fhionnuar
and she cooled her burning face in the cool water
I loch caol fuair sí grúpa leanaí beaga
In a narrow creek she found a group of little children
ba iad na chéad leanaí daonna a chonaic sí riamh
they were the first human children she had ever seen
Theastaigh uaithi súgradh leis na páistí freisin
She wanted to play with the children too
ach theith na leanaí uaithi i eagla mór
but the children fled from her in a great fright
agus ansin tháinig ainmhí beag dubh chuig an uisce
and then a little black animal came to the water
madra a bhí ann, ach ní raibh a fhios aici gur madra a bhí ann
it was a dog, but she did not know it was a dog
mar ní fhaca sí madra riamh roimhe seo
because she had never seen a dog before
agus chroch an madra ar an mhaighdean mhara go buile
and the dog barked at the mermaid furiously
tháinig eagla uirthi agus theith sí ar ais go dtí an fharraige oscailte
she became frightened and rushed back to the open sea

Ach dúirt sí nár cheart di dearmad a dhéanamh ar an bhforaois álainn
But she said she should never forget the beautiful forest
na cnoic glasa agus na páistí deasa
the green hills and the pretty children
bhí sé thar a bheith greannmhar mar a shnámh siad
she found it exceptionally funny how they swam
mar ní raibh eireabaill ag na páistí beaga daonna
because the little human children didn't have tails
mar sin lena gcosa beaga chiceáil siad an t-uisce
so with their little legs they kicked the water

Bhí an ceathrú deirfiúr níos timid ná an ceann deireanach
The fourth sister was more timid than the last
Bhí rún aici fanacht i lár na farraige
She had decided to stay in the midst of the sea
ach dúirt sí go raibh sé chomh hálainn ansin agus níos gaire don talamh
but she said it was as beautiful there as nearer the land
ón dromchla d'fhéadfadh sí a fheiceáil go leor míle timpeall uirthi
from the surface she could see many miles around her
d'fhéach an spéir thuas uirthi mar chlog gloine
the sky above her looked like a bell of glass
agus bhí na longa feicthe aici ag seoladh thart
and she had seen the ships sail by
ach bhí na longa i bhfad uaithi
but the ships were at a very great distance from her
agus, lena gcuid seolta, bhí cuma na faoileáin farraige ar na longa
and, with their sails, the ships looked like sea gulls
chonaic sí mar a d'imir na deilfeanna sna tonnta
she saw how the dolphins played in the waves
agus do spíonadh míolta móra móra uisce óna gcuinne
and great whales spouted water from their nostrils
cosúil le céad tobair go léir ag súgradh le chéile

like a hundred fountains all playing together

Tharla breithlá an chúigiú deirfiúr sa gheimhreadh
The fifth sister's birthday occurred in the winter
mar sin chonaic sí rudaí nach raibh feicthe ag na cinn eile
so she saw things that the others had not seen
ag an am seo den bhliain bhí cuma glas ar an bhfarraige
at this time of the year the sea looked green
bhí cnoic oighir móra ar snámh ar an uisce glas
large icebergs were floating on the green water
agus bhí cuma péarla ar gach cnoc oighir, adeir sí
and each iceberg looked like a pearl, she said
ach bhí siad níos mó agus níos airde ná na heaglaisí
but they were larger and loftier than the churches
agus bhí siad de na cruthanna is suimiúla
and they were of the most interesting shapes
agus gach cnoc oighir glittered cosúil le diamonds
and each iceberg glittered like diamonds
Bhí sí ina suí féin ar cheann de na cnoic oighir
She had seated herself on one of the icebergs
agus lig sí don ghaoth imirt lena gruaig fhada
and she let the wind play with her long hair
Thug sí faoi deara rud éigin suimiúil faoi na longa
She noticed something interesting about the ships
sheol na longa go léir thar na cnoic oighir go han-tapa
all the ships sailed past the icebergs very rapidly
agus sheol siad ar shiúl chomh fada agus a d'fhéadfadh siad
and they steered away as far as they could
bhí sé amhail is dá mbeadh eagla an chnoic oighir orthu
it was as if they were afraid of the iceberg
d'fhan sí amuigh ar an bhfarraige tráthnóna
she stayed out at sea into the evening
chuaigh an ghrian síos agus chumhdaigh scamaill dorcha an spéir
the sun went down and dark clouds covered the sky
rolladh an toirneach trasna farraige na gcnoc oighir

the thunder rolled across the ocean of icebergs
agus lasáin an tintreach dearg ar na cnoic oighir
and the flashes of lightning glowed red on the icebergs
agus bhí na cnoic oighir á gcur thart ag an bhfarraige ag dul in airde
and the icebergs were tossed about by the heaving sea
bhí seolta na long go léir ar crith le heagla
the sails of all the ships were trembling with fear
agus shuigh an mhaighdean mhara go socair ar an gcnoc oighir ar snámh
and the mermaid sat calmly on the floating iceberg
agus d'amharc sí ar an stailc tintreach isteach san fharraige
and she watched the lightning strike into the sea

Bhí a cúigear deirfiúracha níos sine tar éis fás suas anois
All of her five older sisters had grown up now
dá bhrí sin d'fhéadfadh siad dul go dtí an dromchla nuair a bhí siad sásta
therefore they could go to the surface when they pleased
ar dtús bhí áthas an domhain dromchla orthu
at first they were delighted with the surface world
ní raibh siad in ann go leor de na radharcanna nua agus álainn a fháil
they couldn't get enough of the new and beautiful sights
ach sa deireadh d'fhás siad go léir indifferent i dtreo an domhain uachtair
but eventually they all grew indifferent towards the upper world
agus tar éis míosa níor thug siad cuairt ar an domhan dromchla mórán níos mó
and after a month they didn't visit the surface world much at all anymore
dúirt siad lena deirfiúr go raibh sé i bhfad níos áille sa bhaile
they told their sister it was much more beautiful at home

Ach go minic, sna huaireanta tráthnóna, chuaigh siad suas
Yet often, in the evening hours, they did go up
cheangail an cúigear deirfiúracha a lámha thart ar a chéile
the five sisters twined their arms round each other
agus le chéile, lámh ina lámh, d'ardaigh siad go dtí an dromchla
and together, arm in arm, they rose to the surface
is minic a chuaigh siad suas nuair a bhí stoirm ag druidim
often they went up when there was a storm approaching
bhí faitíos orthu go mbuafadh an stoirm long
they feared that the storm might win a ship
mar sin shnámh siad go dtí an soitheach agus canadh do na mairnéalach
so they swam to the vessel and sung to the sailors
Bhí a nguthanna níos deise ná guthanna aon duine
Their voices were more charming than that of any human
agus d'impigheadar ar na turais gan eagla go rachadh siad go tóin poill
and they begged the voyagers not to fear if they sank
óir bhí doimhneacht na farraige lán de shólás
because the depths of the sea was full of delights
Ach ní raibh na mairnéalaigh in ann a gcuid amhrán a thuiscint
But the sailors could not understand their songs
agus shíl siad gurbh é an amhránaíocht a bhí acu ná osna na stoirme
and they thought their singing was the sighing of the storm
dá bhrí sin ní raibh a n-amhrán álainn do na mairnéalach
therefore their songs were never beautiful to the sailors
óir dá dtitfeadh an long báthadh na fir
because if the ship sank the men would drown
ní bhfuair na mairbh faic ó phálás Rí na Mara
the dead gained nothing from the palace of the Sea King
ach fágadh an deirfiúr is óige acu ag bun na farraige
but their youngest sister was left at the bottom of the sea
ag breathnú suas orthu, bhí sí réidh chun caoineadh

looking up at them, she was ready to cry
ba chóir go mbeadh a fhios agat nach bhfuil deora ar bith ag maighdeana mara gur féidir leo gol
you should know mermaids have no tears that they can cry
mar sin bhí a pian agus a fulaingt níos géire ná mar a bhí againne
so her pain and suffering was more acute than ours
"Ó, is mian liom go raibh mé cúig bliana déag d'aois freisin!" ar sise
"Oh, I wish I was also fifteen years old!" said she
"Tá a fhios agam go mbeidh grá agam don domhan thuas ann"
"I know that I shall love the world up there"
"agus beidh grá agam do na daoine go léir a chónaíonn sa saol sin"
"and I shall love all the people who live in that world"

Breithlá na Maighdeana Beaga
The Little Mermaid's Birthday

ach, faoi dheireadh, shroich sí freisin a cúigiú breithlá déag
but, at last, she too reached her fifteenth birthday
"Bhuel, tá tú fásta suas anois," a dúirt a seanmháthair
"Well, now you are grown up," said her grandmother
"Tar, agus lig dom tú a mhaisiú mar do dheirfiúracha"
"Come, and let me adorn you like your sisters"
Agus chuir sí bláthfhleasc de lilies bán ina cuid gruaige
And she placed a wreath of white lilies in her hair
leath péarla a bhí i ngach peitil de na lile
every petal of the lilies was half a pearl
Ansin, d'ordaigh an tseanbhean ocht n-oisrí móra a theacht
Then, the old lady ordered eight great oysters to come
cheangail na hoisrí iad féin d'eireaball na banphrionsa
the oysters attached themselves to the tail of the princess
faoi na farraige úsáidtear oisrí chun do chéim a thaispeáint
under the sea oysters are used to show your rank
"Ach gortaíonn na hoisrí mé mar sin," a dúirt an mhaighdean mhara beag
"But the oysters hurt me so," said the little mermaid
"Sea, tá a fhios agam oisrí gortaithe," d'fhreagair an tseanbhean
"Yes, I know oysters hurt," replied the old lady
"ach tá a fhios agat go maith go gcaithfidh bród pian a fhulaingt"
"but you know very well that pride must suffer pain"
cé chomh sásta a bheadh sí tar éis an mhórmhaireacht seo a mhilleadh
how gladly she would have shaken off all this grandeur
ba bhreá léi an bláthfhleasc throm a chur ar leataobh!
she would have loved to lay aside the heavy wreath!
smaoinigh sí ar na bláthanna dearga ina gairdín féin
she thought of the red flowers in her own garden
d'oirfeadh na bláthanna dearga di i bhfad níos fearr

the red flowers would have suited her much better
Ach ní fhéadfadh sí í féin a athrú i rud éigin eile
But she could not change herself into something else
mar sin dúirt sí slán lena seanmháthair agus a deirfiúracha
so she said farewell to her grandmother and sisters
agus, chomh héadrom le mboilgeog, d'ardaigh sí go dtí an dromchla
and, as lightly as a bubble, she rose to the surface

Bhí an ghrian díreach tar éis luí nuair a d'ardaigh sí a ceann os cionn na dtonn
The sun had just set when she raised her head above the waves
Bhí na scamaill tinted le corcairdhearg agus ór ó luí na gréine
The clouds were tinted with crimson and gold from the sunset
agus tríd an Twilight glimmering beamed an réalta tráthnóna
and through the glimmering twilight beamed the evening star
Bhí an fharraige socair, agus bhí aer na farraige éadrom agus úr
The sea was calm, and the sea air was mild and fresh
Bhí long mhór le trí chrann ina luí go socair ar an uisce
A large ship with three masts lay lay calmly on the water
níor cuireadh ach seol amháin, óir níor chorraigh an ghaoth
only one sail was set, for not a breeze stirred
agus shuigh na mairnéalaigh go díomhaoin ar an deic, nó i measc na rigging
and the sailors sat idle on deck, or amidst the rigging
Bhí ceol agus amhráin ar bord na loinge
There was music and songs on board of the ship
mar a tháinig an dorchadas solas céad lóchrainn daite
as darkness came a hundred colored lanterns were lighted
bhí sé amhail is dá mbeadh bratacha na náisiún go léir ag tonnadh san aer
it was as if the flags of all nations waved in the air

Shnámh an mhaighdean mhara in aice le fuinneoga an chábáin
The little mermaid swam close to the cabin windows
anois agus ansin d'ardaigh tonnta na farraige suas í
now and then the waves of the sea lifted her up
d'fhéadfadh sí breathnú isteach tríd an gloine fuinneog-panes
she could look in through the glass window-panes
agus d'fhéadfadh sí a fheiceáil ar roinnt daoine curiously cóirithe
and she could see a number of curiously dressed people
I measc na ndaoine a d'fheicfeadh sí bhí prionsa óg
Among the people she could see there was a young prince
ba é an prionsa an ceann is áille díobh ar fad
the prince was the most beautiful of them all
ní fhaca sí aon duine leis na súile álainn sin
she had never seen anyone with such beautiful eyes
ceiliúradh a séú breithlá déag a bhí ann
it was the celebration of his sixteenth birthday
Bhí na mairnéalaigh ag damhsa ar dheic na loinge
The sailors were dancing on the deck of the ship
go léir cheered nuair a tháinig an Prionsa amach as an cábáin
all cheered when the prince came out of the cabin
agus d'ardaigh níos mó ná céad roicéad isteach san aer
and more than a hundred rockets rose into the air
ar feadh tamaill rinne na tinte ealaíne an spéir chomh geal leis an lá
for some time the fireworks made the sky as bright as day
ar ndóigh ní fhaca ár maighdean mhara óg tine ealaíne riamh roimhe seo
of course our young mermaid had never seen fireworks before
agus an torann ar fad faoi gheasa aici, chuaigh sí ar ais faoin uisce
startled by all the noise, she went back under the water
ach gan mhoill shín sí amach arís a ceann

but soon she again stretched out her head
bhí sé amhail is dá mbeadh na réaltaí na bhflaitheas go léir ag titim timpeall uirthi
it was as if all the stars of heaven were falling around her
fireflies splendid eitil suas san aer gorm
splendid fireflies flew up into the blue air
agus bhí gach rud le feiceáil sa soiléir, farraige calma
and everything was reflected in the clear, calm sea
Bhí an long féin soilsithe go geal leis an solas ar fad
The ship itself was brightly illuminated by all the light
d'fhéadfadh sí na daoine go léir a fheiceáil agus fiú an téad is lú
she could see all the people and even the smallest rope
Cé chomh dathúil a d'fhéach an prionsa óg agus é ag gabháil buíochais dá aíonna!
How handsome the young prince looked thanking his guests!
agus an ceol thar barr amach trí aer soiléir na hoíche!
and the music resounded through the clear night air!

mhair an ceiliúradh lá breithe go déanach san oíche
the birthday celebrations lasted late into the night
ach ní fhéadfadh an mhaighdean mhara beag a súile a thógáil ón long
but the little mermaid could not take her eyes from the ship
agus ní fhéadfadh sí a súile a ghlacadh ón bprionsa álainn
nor could she take her eyes from the beautiful prince
Bhí na lóchrainn daite múchta anois
The colored lanterns had now been extinguished
agus ní raibh aon roicéid níos mó a d'ardaigh san aer
and there were no more rockets that rose into the air
d'éirigh gunna na loinge ag lámhach freisin
the cannon of the ship had also ceased firing
ach anois ba í an fharraige í a tháinig suaitheadh
but now it was the sea that became restless
d'fhéadfaí fuaim caoineadh, grumbling a chloisteáil faoi na tonnta

a moaning, grumbling sound could be heard beneath the waves
agus fós, d'fhan an mhaighdean mhara beag ag an bhfuinneog cábáin
and yet, the little mermaid remained by the cabin window
bhí sí ag rocadh suas agus síos ar an uisce
she was rocking up and down on the water
ionas go bhféadfadh sí leanúint ag breathnú isteach ar an long
so that she could keep looking into the ship
Tar éis tamaill cuireadh na seolta go tapa
After a while the sails were quickly set
agus chuaidh an long ar a slighe thar n-ais go port
and the ship went on her way back to port

Ach go luath d'ardaigh na tonnta níos airde agus níos airde
But soon the waves rose higher and higher
dhorchaigh scamaill throma dorcha spéir na hoíche
dark, heavy clouds darkened the night sky
agus bhí flashes de lightning le feiceáil i bhfad i gcéin
and there appeared flashes of lightning in the distance
ní fada uainn bhí stoirm uafásach ag druidim
not far away a dreadful storm was approaching
Arís eile íslíodh na seolta i gcoinne na gaoithe
Once more the sails were lowered against the wind
agus do lean an long mhór a cúrsa ar an bhfarraige ragairne
and the great ship pursued her course over the raging sea
D'ardaigh na tonnta chomh hard leis na sléibhte
The waves rose as high as the mountains
cheapfadh duine go raibh na tonnta ag dul go mbeadh an long aige
one would have thought the waves were going to have the ship
ach d'imigh an long mar eala idir na tonnta
but the ship dived like a swan between the waves
ansin d'ardaigh sí arís ar a n-uachtair ard, cúradh

then she rose again on their lofty, foaming crests
Don mhaighdean mhara bhig ba thaitneamhach féachaint air seo
To the little mermaid this was pleasant to watch
ach ní raibh sé taitneamhach do na mairnéalach
but it was not pleasant for the sailors
rinne an long guí uafásacha agus creaking
the ship made awful groaning and creaking sounds
agus bhris na tonnta thar deic na loinge arís agus arís eile
and the waves broke over the deck of the ship again and again
d'éirigh na pleancanna tiubh faoi lasadh na farraige
the thick planks gave way under the lashing of the sea
faoi bhrú thiomáin an príomhchrann asunder, cosúil le giolcach
under the pressure the mainmast snapped asunder, like a reed
agus, mar a luigh an long thar a taobh, an t-uisce rushed isteach
and, as the ship lay over on her side, the water rushed in

Thuig an mhaighdean mhara go raibh an criú i mbaol
The little mermaid realized that the crew were in danger
ní raibh a cás féin gan chontúirt ach an oiread
her own situation wasn't without danger either
bhí uirthi na bíomaí agus na pleancanna scaipthe san uisce a sheachaint
she had to avoid the beams and planks scattered in the water
ar feadh nóiméad d'iompaigh gach rud ina dhorchadas iomlán
for a moment everything turned into complete darkness
agus ní fhéadfadh an mhaighdean mhara a fheiceáil cá raibh sí
and the little mermaid could not see where she was
ach ansin nocht splanc tintreach an radharc iomlán
but then a flash of lightning revealed the whole scene
chonaic sí go raibh gach duine fós ar bord na loinge
she could see everyone was still on board of the ship
bhuel, bhí gach duine ar bord na loinge, ach amháin an prionsa

well, everyone was on board of the ship, except the prince
lean an long ar a cosán go dtí an tír
the ship continued on its path to the land
agus chonaic sí an prionsa ag dul isteach sna tonnta domhain
and she saw the prince sink into the deep waves
ar feadh nóiméad rinne sé seo níos sona í ná mar ba chóir dó
for a moment this made her happier than it should have
anois go raibh sé san fharraige d'fhéadfadh sí a bheith leis
now that he was in the sea she could be with him
Ansin chuimhnigh sí ar theorainneacha an duine
Then she remembered the limits of human beings
ní féidir le muintir na tíre maireachtáil san uisce
the people of the land cannot live in the water
dá dtiocfadh sé go dtí an pálás bheadh sé marbh cheana féin
if he got to the palace he would already be dead
"Níl, caithfidh sé nach bás!" shocraigh sí
"No, he must not die!" she decided
déanann sí dearmad ar aon imní faoina sábháilteacht féin
she forget any concern for her own safety
agus shnámh sí trí na bíomaí agus na pleancanna
and she swam through the beams and planks
d'fhéadfadh dhá bíomaí crush go héasca di
two beams could easily crush her to pieces
colm sí go domhain faoi na huiscí dorcha
she dove deep under the dark waters
d'ardaigh gach rud agus thit leis na tonnta
everything rose and fell with the waves
ar deireadh, d'éirigh léi an prionsa óg a bhaint amach
finally, she managed to reach the young prince
bhí sé go tapa ag cailleadh an chumhacht a bheith ag snámh san fharraige stoirmiúil
he was fast losing the power to swim in the stormy sea
Bhí a ghéaga ag tosú ag teip air
His limbs were starting to fail him
agus bhí a shúile álainn dúnta

and his beautiful eyes were closed
gheobhadh sé bás muna dtiocfadh an mhaighdean mhara bheag
he would have died had the little mermaid not come
Choinnigh sí a cheann os cionn an uisce
She held his head above the water
agus lig sí do na tonnta iad a iompar áit a raibh siad ag iarraidh
and she let the waves carry them where they wanted

Ar maidin bhí deireadh leis an stoirm
In the morning the storm had ceased
ach ní raibh blúire amháin le feiceáil ar an long
but of the ship not a single fragment could be seen
Tháinig an ghrian suas, dearg agus ag taitneamh, amach as an uisce
The sun came up, red and shining, out of the water
bhí éifeacht leighis ag bíomaí na gréine ar an bprionsa
the sun's beams had a healing effect on the prince
d'fhill lí na sláinte ar leicne an phrionsa
the hue of health returned to the prince's cheeks
ach in ainneoin na gréine, d'fhan a shúile dúnta
but despite the sun, his eyes remained closed
Phóg an mhaighdean mhara a forehead ard, mín
The mermaid kissed his high, smooth forehead
agus stróic sí ar ais a chuid gruaige fliuch
and she stroked back his wet hair
Dhealraigh sé di cosúil leis an dealbh marmair ina gairdín
He seemed to her like the marble statue in her garden
mar sin phóg sí arís é, agus mhian leis go raibh cónaí air
so she kissed him again, and wished that he lived

Faoi láthair, tháinig siad i radharc na talún
Presently, they came in sight of land
agus chonaic sí sléibhte gorma arda ar na spéire
and she saw lofty blue mountains on the horizon
ar bharr na sléibhte luigh an sneachta bán

on top of the mountains the white snow rested
amhail is dá mbeadh tréad ealaí ina luí ar na sléibhte
as if a flock of swans were lying upon the mountains
Bhí foraoisí glasa álainn in aice leis an gcladach
Beautiful green forests were near the shore
agus in aice leis bhí foirgneamh mór
and close by there stood a large building
d'fhéadfadh sé a bheith ina eaglais nó ina chlochar
it could have been a church or a convent
ach bhí sí fós ró-bhfad ar shiúl a bheith cinnte
but she was still too far away to be sure
D'fhás crainn oráiste agus citron sa ghairdín
Orange and citron trees grew in the garden
agus os comhair an doras sheas palms ard
and before the door stood lofty palms
Bhí an fharraige anseo ina chuan beag
The sea here formed a little bay
sa chuan bhí an t-uisce ciúin agus fós
in the bay the water lay quiet and still
ach cé go raibh an t-uisce fós, bhí sé an-domhain
but although the water was still, it was very deep
Shnámh sí leis an bprionsa dathúil go dtí an trá
She swam with the handsome prince to the beach
bhí an trá clúdaithe le gaineamh mín bán
the beach was covered with fine white sand
agus ar an ngaineamh leag sí é faoi sholas na gréine
and on the sand she laid him in the warm sunshine
ghlac sí cúram a cheann a ardú níos airde ná a chorp
she took care to raise his head higher than his body
Ansin chualathas cloigíní ón bhfoirgneamh mór bán
Then bells sounded from the large white building
tháinig roinnt cailíní óga isteach sa ghairdín
some young girls came into the garden
Shnámh an mhaighdean mhara níos faide amach ón gcladach
The little mermaid swam out farther from the shore

folaigh sí í féin i measc roinnt carraigeacha arda san uisce
she hid herself among some high rocks in the water
chlúdaigh sí a ceann agus a muineál le cúr na farraige
she covered her head and neck with the foam of the sea
agus d'fhéach sí féachaint cad a thiocfadh ar an bprionsa bocht
and she watched to see what would become of the poor prince

Níorbh fhada go bhfaca sí cailín óg ag cur chuige
It was not long before she saw a young girl approach
bhí cuma eagla ar an gcailín óg, ar dtús
the young girl seemed frightened, at first
ach níor mhair a eagla ach ar feadh nóiméad
but her fear only lasted for a moment
ansin thug sí thar líon daoine
then she brought over a number of people
agus chonaic an mhaighdean mhara go dtáinig an prionsa ar an saol arís
and the mermaid saw that the prince came to life again
rinne sé miongháire orthu siúd a bhí ina seasamh timpeall air
he smiled upon those who stood around him
Ach níor chuir an prionsa meangadh gáire ar an mhaighdean mhara bheag
But to the little mermaid the prince sent no smile
ní raibh a fhios aige gurbh í a shábháil é
he knew not that it was her who had saved him
Chuir sé seo an-bhrón ar an mhaighdean mhara
This made the little mermaid very sorrowful
agus ansin tugadh ar shiúl é isteach sa bhfoirgneamh mór
and then he was led away into the great building
agus thum an mhaighdean mhara bheag síos san uisce
and the little mermaid dived down into the water
agus do fhill sí go caislén a hathar
and she returned to her father's castle

Longa an Mhaighdean Mhara don Domhan Uachtarach
The Little Mermaid Longs for the Upper World

Bhí sí i gcónaí ar an chuid is mó ciúin agus tuisceanach de na deirfiúracha
She had always been the most silent and thoughtful of the sisters
agus anois bhí sí níos ciúine agus tuisceanach ná riamh
and now she was more silent and thoughtful than ever
D'fhiafraigh a deirfiúracha di cad a chonaic sí ar a céad chuairt
Her sisters asked her what she had seen on her first visit
ach d'fhéadfadh sí aon rud a insint dóibh cad a bhí feicthe aici
but she could tell them nothing of what she had seen
Go leor tráthnóna agus maidin d'fhill sí ar an dromchla
Many an evening and morning she returned to the surface
agus chuaigh sí go dtí an áit ar fhág sí an prionsa
and she went to the place where she had left the prince
Chonaic sí na torthaí sa ghairdín ripen
She saw the fruits in the garden ripen
agus d'amharc sí ar na torthaí a bailíodh óna gcrann
and she watched the fruits gathered from their trees
d'amharc sí ar an sneachta ar bharr na sléibhe leá
she watched the snow on the mountain tops melt away
ach ar aon cheann dá cuairteanna ní fhaca sí an prionsa arís
but on none of her visits did she see the prince again
agus dá bhrí sin d'fhill sí i gcónaí níos mó brón ná nuair a d'fhág sí
and therefore she always returned more sorrowful than when she left

ní raibh ach compord aici ina suí ina gairdín beag féin
her only comfort was sitting in her own little garden
flung sí a lámha thart ar an dealbh marmair álainn
she flung her arms around the beautiful marble statue

an dealbh a bhí díreach cosúil leis an Prionsa
the statue which looked just like the prince
Bhí sí tar éis éirí as a bheith ag tabhairt aire dá bláthanna
She had given up tending to her flowers
agus d'fhás a gairdín i mearbhall fiáin
and her garden grew in wild confusion
cheangail siad duilleoga fada agus gais na mbláthanna timpeall na gcrann
they twinied the long leaves and stems of the flowers around the trees
ionas go raibh an gairdín ar fad dorcha agus gruama
so that the whole garden became dark and gloomy

sa deireadh d'fhéadfadh sí a iompróidh an pian a thuilleadh
eventually she could bear the pain no longer
agus d'inis sí do na deirfiúracha go léir a tharla
and she told one of her sisters all that had happened
ba ghearr gur chuala na deirfiúracha eile an rún
soon the other sisters heard the secret
agus go han-luath tháinig a rún in iúl do roinnt maid
and very soon her secret became known to several maids
bhí cara ag duine de na searbhóntaí a raibh aithne aige ar an bprionsa
one of the maids had a friend who knew about the prince
Bhí an fhéile feicthe aici ar bord na loinge freisin
She had also seen the festival on board the ship
agus d'innis sí dhóibh cad as a dtáinig an prionnsa
and she told them where the prince came from
agus d'innis sí dhóibh cá raibh a phálás
and she told them where his palace stood

"Tar, a dheirfiúr bhig," a dúirt na banphrionsaí eile
"Come, little sister," said the other princesses
cheangail siad a n-arm agus d'ardaigh siad suas le chéile
they entwined their arms and rose up together

chuaigh siad i ngar don áit a raibh pálás an phrionsa ina sheasamh
they went near to where the prince's palace stood
Tógadh an Pálás de gheal-buí, cloch shining
the palace was built of bright-yellow, shining stone
agus bhí céimeanna fada marmair ag an bpálás
and the palace had long flights of marble steps
shroich ceann de na céimeanna eitilte síos go dtí an fharraige
one of the flights of steps reached down to the sea
D'ardaigh cupolas ór iontach thar an díon
Splendid gilded cupolas rose over the roof
bhí an foirgneamh ar fad timpeallaithe ag piléir
the whole building was surrounded by pillars
agus idir na piléir sheas dealbha lifelike de mharmar
and between the pillars stood lifelike statues of marble
d'fhéadfadh siad a fheiceáil tríd an criostail soiléir na fuinneoga
they could see through the clear crystal of the windows
agus d'fhéadfadh siad breathnú isteach sna seomraí uasal
and they could look into the noble rooms
cuirtíní síoda costasacha agus taipéisí crochadh ón tsíleáil
costly silk curtains and tapestries hung from the ceiling
agus bhí na ballaí clúdaithe le pictiúir áille
and the walls were covered with beautiful paintings
I lár an salon is mó a bhí Fountain
In the centre of the largest salon was a fountain
chaith an tobair a scairdeanna súilíneacha ard suas
the fountain threw its sparkling jets high up
splashed an t-uisce ar chupola gloine an tsíleáil
the water splashed onto the glass cupola of the ceiling
agus an ghrian ag taitneamh isteach tríd an uisce
and the sun shone in through the water
agus splancscáileán an t-uisce ar na plandaí timpeall an tobair
and the water splashed on the plants around the fountain

Anois bhí a fhios ag an mhaighdean mhara beag cá raibh an prionsa ina chónaí
Now the little mermaid knew where the prince lived
mar sin chaith sí go leor oíche sna huiscí sin
so she spent many a night in those waters
fuair sí misneach níos mó ná mar a bhí a deirfiúracha
she got more courageous than her sisters had been
agus shnámh sí i bhfad níos gaire don chladach ná mar a bhí acu
and she swam much nearer the shore than they had
uair amháin chuaigh sí suas an cainéal caol, faoin mbalcóin marmair
once she went up the narrow channel, under the marble balcony
chaith an BALCÓIN scáth leathan ar an uisce
the balcony threw a broad shadow on the water
Shuigh sí anseo agus d'amharc sí ar an bprionsa óg
Here she sat and watched the young prince
cheap sé, ar ndóigh, go raibh sé ina aonar i solas geal na gealaí
he, of course, thought he was alone in the bright moonlight

Is minic a chonaic sí é tráthnóna, ag seoladh i mbád álainn
She often saw him in the evenings, sailing in a beautiful boat
tháinig ceol as an mbád agus na bratacha ar lasadh
music sounded from the boat and the flags waved
peeped sí amach as measc an luachra glas
She peeped out from among the green rushes
uaireanta ghabh an ghaoth a brat fada airgid-bán
at times the wind caught her long silvery-white veil
chreid na daoine a chonaic í gur eala a bhí ann
those who saw her veil believed it to be a swan
bhí cuma eala ar a cuid sciatháin
her veil had all the appearance of a swan spreading its wings

Is iomaí oíche freisin, d'fhéach sí ar na hiascairí ag leagan a gcuid líonta
Many a night, too, she watched the fishermen set their nets
chaith siad a líonta i bhfianaise a tóirsí
they cast their nets in the light of their torches
agus chuala sí iad ag insint go leor rudaí maithe faoin bprionsa
and she heard them tell many good things about the prince
chuir sé seo áthas uirthi gur shábháil sí a shaol
this made her glad that she had saved his life
nuair a tháinic sé timcheall leath-mharbh ar na tonnta
when he was tossed around half dead on the waves
Chuimhnigh sí mar a bhí a cheann ina luí ar a broinn
She remembered how his head had rested on her bosom
agus chuimhnigh sí ar chomh croíúil is a phóg sí é
and she remembered how heartily she had kissed him
ach ní raibh a fhios aige rud ar bith a tharla
but he knew nothing of all that had happened
ní raibh an prionsa óg in ann brionglóid a dhéanamh ar an mhaighdean mhara bheag fiú
the young prince could not even dream of the little mermaid

D'fhás sí níos mó agus níos mó cosúil le daoine
She grew to like human beings more and more
ba mhian léi níos mó agus níos mó a bheith in ann wander a saol
she wished more and more to be able to wander their world
bhí an chuma ar a saol a bheith i bhfad níos mó ná a saol féin
their world seemed to be so much larger than her own
D'fhéadfaidís eitilt thar farraige i longa
They could fly over the sea in ships
agus d'fhéadfadh siad mount na cnoic arda i bhfad os cionn na scamaill
and they could mount the high hills far above the clouds
ina dtailte bhí coillte agus páirceanna acu

in their lands they possessed woods and fields
shín an glasra thar a radharc
the greenery stretched beyond the reach of her sight
Bhí an oiread sin gur mhian léi a fháil amach!
There was so much that she wished to know!
ach ní raibh a deirfiúracha in ann a ceisteanna go léir a fhreagairt
but her sisters were unable to answer all her questions
Chuaigh sí ansin chuig a seanmháthair chun freagraí a fháil
She then went to her old grandmother for answers
Bhí a fhios ag a seanmháthair go léir faoin domhan uachtarach
her grandmother knew all about the upper world
Thug sí "na tailte os cionn na farraige" ar an saol seo mar is ceart
she rightly called this world "the lands above the sea"

"Mura bhfuil an cine daonna báite, an féidir leo maireachtáil go deo?"
"If human beings are not drowned, can they live forever?"
"Ná fhaigheann siad bás go deo, mar a dhéanann muid anseo san fharraige?"
"Do they never die, as we do here in the sea?"
"Sea, faigheann siad bás freisin," d'fhreagair an tseanbhean
"Yes, they die too," replied the old lady
"cosúil linne, caithfidh siad bás a fháil freisin," a dúirt a seanmháthair
"like us, they must also die," added her grandmother
"agus tá a saol níos giorra fós ná ár saol"
"and their lives are even shorter than ours"
"Bímid beo uaireanta ar feadh trí chéad bliain"
"We sometimes live for three hundred years"
"Ach nuair a scoirimid de bheith anseo déanaimid cúr"
"but when we cease to exist here we become foam"
"agus snámhaimid ar dhromchla an uisce"
"and we float on the surface of the water"

"níl uaigheanna againn dóibh siúd is breá linn"
"we do not have graves for those we love"
"agus níl anamacha marbha againn"
"and we have not immortal souls"
"tar éis bás a fháil ní bheimid beo arís"
"after we die we shall never live again"
"cosúil leis an bhfeamainn ghlas, nuair a bheidh sé gearrtha amach"
"like the green seaweed, once it has been cut off"
"tar éis dúinn bás a fháil, ní féidir linn bláthú arís"
"after we die, we can never flourish again"
"Tá anamacha ag daoine, a mhalairt ar fad"
"Human beings, on the contrary, have souls"
"fiú tar éis dóibh a bheith marbh maireann a n-anam go deo"
"even after they're dead their souls live forever"
"Nuair a gheobhaimid bás casaimid ár gcorp go cúr"
"when we die our bodies turn to foam"
"Nuair a fhaigheann siad bás téann a gcorp chun deannaigh"
"when they die their bodies turn to dust"
"Nuair a fhaigheann muid bás éiríonn muid tríd an uisce glan gorm"
"when we die we rise through the clear, blue water"
"Nuair a fhaigheann siad bás ardaíonn siad suas tríd an aer glan glan"
"when they die they rise up through the clear, pure air"
"Nuair a fhaigheann muid bás ní snámhaimid níos faide ná an dromchla"
"when we die we float no further than the surface"
"Ach nuair a fhaigheann siad bás téann siad thar na réaltaí glioscarnach"
"but when they die they go beyond the glittering stars"
"Eirimid amach as an uisce go dtí an dromchla"
"we rise out of the water to the surface"
"agus féachaimid ar an talamh go léir"
"and we behold all the land of the earth"
"ardaíonn siad go réigiúin anaithnid agus glórmhar"

"they rise to unknown and glorious regions"
"réigiúin ghlórmhara anaithnide nach bhfeicfimid choíche"
"glorious and unknown regions which we shall never see"
rinne an mhaighdean mhara bhig ag caoineadh a heaspa anama
the little mermaid mourned her lack of a soul
"Cén fáth nach bhfuil againn anamacha bás a fháil?" a d'fhiafraigh an mhaighdean mhara
"Why have not we immortal souls?" asked the little mermaid
"Ba mhaith liom na céadta bliain go léir atá agam a thabhairt"
"I would gladly give all the hundreds of years that I have"
"Dhéanfainn é a thrádáil go léir le bheith i mo dhuine ar feadh lá amháin"
"I would trade it all to be a human being for one day"
"Ní féidir liom a shamhlú an dóchas a fhios agam sonas den sórt sin"
"I can not imagine the hope of knowing such happiness"
"sonas an domhain ghlórmhar sin os cionn na réaltaí"
"the happiness of that glorious world above the stars"
"Ní mór duit gan smaoineamh mar sin," a dúirt an chailleach
"You must not think that way," said the old woman
"Creidimid go bhfuil muid i bhfad níos sona ná na daoine"
"We believe that we are much happier than the humans"
"agus creidimid go bhfuil muid i bhfad níos fearr as ná daoine"
"and we believe we are much better off than human beings"

"Mar sin gheobhaidh mé bás," a dúirt an mhaighdean mhara
"So I shall die," said the little mermaid
"Is cúr na farraige mé, nite faoi"
"being the foam of the sea, I shall be washed about"
"Ní chloisim arís ceol na dtonn"
"never again will I hear the music of the waves"
"Ní fheicfidh mé arís na bláthanna deasa"
"never again will I see the pretty flowers"

"Ní fheicfidh mé arís an ghrian dearg"
"nor will I ever again see the red sun"
"An bhfuil aon rud is féidir liom a dhéanamh a bhuachan anam bás?"
"Is there anything I can do to win an immortal soul?"
"Ní hea," arsa an chailleach, "mura..."
"No," said the old woman, "unless..."
"Níl ach bealach amháin chun anam a fháil"
"there is just one way to gain a soul"
"Caithfidh fear níos mó grá a thabhairt duit ná mar a thugann grá dá athair agus dá mháthair"
"a man has to love you more than he loves his father and mother"
"Ní mór a chuid smaointe agus grá go léir a shocrú duit"
"all his thoughts and love must be fixed upon you"
"Caithfidh sé geallúint a bheith fíor duit anseo agus ina dhiaidh seo"
"he has to promise to be true to you here and hereafter"
"caithfidh an sagart a lámh dheas a chur i do láimh"
"the priest has to place his right hand in yours"
"Ansin sleamhnódh anam do fhir isteach i do chorp"
"then your man's soul would glide into your body"
"gheobhfá sciar i sonas an chine daonna amach anseo"
"you would get a share in the future happiness of mankind"
"Bhéarfadh sé anam duit agus choinneodh sé a chuid féin freisin"
"He would give to you a soul and retain his own as well"
"ach tá sé dodhéanta go dtarlódh sé seo go deo"
"but it is impossible for this to ever happen"
"Tá eireaball d'éisc, inár measc, go hálainn"
"Your fish's tail, among us, is considered beautiful"
"ach ar domhan meastar eireaball d'éisc a bheith gránna"
"but on earth your fish's tail is considered ugly"
"Níl a fhios ag na daoine níos fearr"
"The humans do not know any better"
"Is é an caighdeán áilleacht atá acu ná dhá fhrapí láidre"

"their standard of beauty is having two stout props"
"an dá props láidre seo a dtugann siad a gcosa orthu"
"these two stout props they call their legs"
Chlaon an mhaighdean mhara bheag cad a bhí i ndán di, dar leo
The little mermaid sighed at what appeared to be her destiny
agus d'fhéach sí go brón ar eireaball a éisc
and she looked sorrowfully at her fish's tail
"Go mbeirimíd sásta leis an méid atá againn," ars an tseanbhean
"Let us be happy with what we have," said the old lady
"Lig dúinn saighead agus earrach ar feadh na dtrí chéad bliain"
"let us dart and spring about for the three hundred years"
"agus tá trí chéad bliain i ndáiríre sách fada"
"and three hundred years really is quite long enough"
"Tar éis sin is féidir linn sinn féin a scíth níos fearr"
"After that we can rest ourselves all the better"
"An tráthnóna seo beidh liathróid cúirte againn"
"This evening we are going to have a court ball"

Bhí sé ar cheann de na radharcanna iontacha sin nach féidir linn a fheiceáil ar domhan
It was one of those splendid sights we can never see on earth
tharla an liathróid cúirte i bálseomra mór
the court ball took place in a large ballroom
Bhí na ballaí agus an tsíleáil de chriostail thrédhearcach tiubh
The walls and the ceiling were of thick transparent crystal
Sheas na céadta sliogán farraige ollmhór ina sraitheanna ar gach taobh
Many hundreds of colossal sea shells stood in rows on each side
bhí cuid de na sliogáin farraige domhain dearg, bhí cuid eile féar glas
some of the sea shells were deep red, others were grass green

agus bhí tine ghorm istigh i ngach sliogán farraige
and each of the sea shells had a blue fire in it
Las na tinte seo an salon ar fad agus na damhsóirí
These fires lighted up the whole salon and the dancers
agus na sliogáin farraige ag taitneamh amach trí na ballaí
and the sea shells shone out through the walls
ionas go raibh an fharraige soilsithe freisin ag a solas
so that the sea was also illuminated by their light
Shnámh éisc gan líon, idir bheag agus mhór, anuas
Innumerable fishes, great and small, swam past
roinnt de na scálaí fishes glowed le brilliance corcra
some of the fishes scales glowed with a purple brilliance
agus las éisc eile mar airgead agus ór
and other fishes shone like silver and gold
Trí na hallaí flowed sruth leathan
Through the halls flowed a broad stream
agus sa sruthán rinne na maighdeana mara agus na maighdeana mara rince sa sruthán
and in the stream danced the mermen and the mermaids
rinne siad rince le ceol a gcuid amhránaíochta binn féin
they danced to the music of their own sweet singing

Níl guthanna breátha ag éinne ar domhan is atá siad
No one on earth has such lovely voices as they
ach chanadh an mhaighdean mhara bhig níos binne ná iad go léir
but the little mermaid sang more sweetly than all
Mhol an chúirt ar fad í lena lámha agus lena heireabaill
The whole court applauded her with hands and tails
agus ar feadh nóiméad bhraith a croí sásta go leor
and for a moment her heart felt quite happy
mar bhí fhios aici go raibh an glór ba bhinne san fharraige aici
because she knew she had the sweetest voice in the sea
agus bhí fhios aici go raibh an glór ba bhinne ar talamh aici
and she knew she had the sweetest voice on land

Ach ba ghearr gur smaoinigh sí arís ar an domhan thuas uirthi
But soon she thought again of the world above her
ní fhéadfadh sí dearmad a dhéanamh ar an prionsa a fheictear
she could not forget the charming prince
mheabhraigh sé di go raibh anam neamhbhásmhar aige
it reminded her that he had an immortal soul
agus níor fhéad sí dearmad a dhéanamh nach raibh aon anam neamhbhásmhar aici
and she could not forget that she had no immortal soul
Shiúl sí go ciúin amach as pálás a hathar
She crept away silently out of her father's palace
bhí gach rud istigh lán d'áthas agus d'amhrán
everything within was full of gladness and song
ach shuigh sí ina gairdín beag féin, go brónach agus léi féin
but she sat in her own little garden, sorrowful and alone
Ansin chuala sí an bugle sounding tríd an uisce
Then she heard the bugle sounding through the water
agus shíl sí, "Tá sé cinnte ag seoladh thuas"
and she thought, "He is certainly sailing above"
"sé, an prionsa álainn, ar lár mo mhianta"
"he, the beautiful prince, in whom my wishes centre"
"sé, a lámha ba mhaith liom a chur ar mo sonas"
"he, in whose hands I should like to place my happiness"
"Fiontróidh mé go léir dó chun anam bás a fháil"
"I will venture all for him to win an immortal soul"
"Tá mo dheirfiúracha ag damhsa i bpálás m'athar"
"my sisters are dancing in my father's palace"
"ach rachaidh mé go dtí an cailleach farraige"
"but I will go to the sea witch"
"an cailleach mhara a raibh an oiread sin eagla orm roimhe"
"the sea witch of whom I have always been so afraid"
"ach tig le cailleach na mara comhairle agus cabhair a thabhairt dom"
"but the sea witch can give me counsel, and help"

An Cailleach Farraige
The Sea Witch

Ansin chuaigh an mhaighdean mhara beag amach as a gairdín
Then the little mermaid went out from her garden
agus thóg sí an cosán go dtí na guairneáin cúr
and she took the path to the foaming whirlpools
taobh thiar de na guairneáin cúr bhí cónaí ar an sorceress
behind the foaming whirlpools the sorceress lived
ní raibh an mhaighdean mhara bheag imithe mar sin roimhe
the little mermaid had never gone that way before
Níor fhás bláthanna ná féar san áit a raibh sí ag dul
Neither flowers nor grass grew where she was going
ní raibh ann ach talamh lom, liath, gainimh
there was nothing but bare, gray, sandy ground
an talamh gann seo sínte amach go dtí an guairneán
this barren land stretched out to the whirlpool
bhí an t-uisce cosúil le rothaí muileann cúr
the water was like foaming mill wheels
agus ghabh na guairneáin gach rud a tháinig faoina bráid
and the whirlpools seized everything that came within reach
chaith na guairneáin a gcreach isteach sa domhain gan smál
the whirlpools cast their prey into the fathomless deep
Trí na guairneáin bhrúidiúla seo bhí uirthi dul tharstu
Through these crushing whirlpools she had to pass
ní thiocfadh léi ach ansin tiarnaisí na cailleach mara a bhaint amach
only then could she reach the dominions of the sea witch
ina dhiaidh seo tháinig stráice de mhíolra te, bubbling
after this came a stretch of warm, bubbling mire
an chailleach farraige a dtugtar an láthach bubbling a móin móna
the sea witch called the bubbling mire her turf moor

Taobh amuigh dá móin bhí teach na caillí

Beyond her turf moor was the witch's house
sheas a teach i lár foraoise aisteach
her house stood in the centre of a strange forest
San fhoraois seo bhí na crainn agus na bláthanna go léir polypi
in this forest all the trees and flowers were polypi
ach ní raibh iontu ach leathphlandaí; ainmhithe a bhí sa leath eile
but they were only half plant; the other half was animal
D'fhéach siad cosúil le nathraichean le céad cloigeann
They looked like serpents with a hundred heads
agus bhí gach nathair ag fás as an talamh
and each serpent was growing out of the ground
Bhí a gcuid brainsí fada, caol lámha
Their branches were long, slimy arms
agus bhí méara acu cosúil le péisteanna solúbtha
and they had fingers like flexible worms
bhog gach ceann dá géaga, ón bhfréamh go dtí an barr
each of their limbs, from the root to the top, moved
Gach a bhféadfaí a bhaint amach san fharraige ghabh siad ar
All that could be reached in the sea they seized upon
agus an rud a rug siad orthu choinnigh siad greim daingean air
and what they caught they held on tightly to
i dtreo is nár éalaigh an rud a rug siad as a n-iompar
so that what they caught never escaped from their clutches

Bhí faitíos ar an mhaighdean mhara bheag faoina chonaic sí
The little mermaid was alarmed at what she saw
sheas sí agus bhuail eagla a croí
she stood still and her heart beat with fear
Tháinig sí an-ghar do casadh ar ais
She came very close to turning back
ach smaoinigh sí ar an bprionsa álainn
but she thought of the beautiful prince
agus smaoinigh sí ar an anam daonna ar theastaigh uaithi

and she thought of the human soul for which she longed
leis na smaointe seo d'fhill a misneach
with these thoughts her courage returned
Cheangail sí a cuid gruaige fada, ag sileadh thart ar a ceann
She fastened her long, flowing hair round her head
ionas nach bhféadfadh an polaipí greim a fháil ar a cuid gruaige
so that the polypi could not grab hold of her hair
agus chros sí a lámha trasna a bos
and she crossed her hands across her bosom
agus ansin darted sí ar aghaidh mar iasc tríd an uisce
and then she darted forward like a fish through the water
idir lámha subtle agus mhéara na polaipí gránna
between the subtle arms and fingers of the ugly polypi
bhí na polypi sínte amach ar gach taobh di
the polypi were stretched out on each side of her
Chonaic sí go raibh rud éigin ina dtuiscint acu go léir
She saw that they all held something in their grasp
rud éigin a ghabh siad lena lámha beaga iomadúla
something they had seized with their numerous little arms
bhí cnámharlaigh bhána na ndaoine á gcoinneáil acu
they were holding white skeletons of human beings
mairnéalach a fuair bás ar muir i stoirmeacha
sailors who had perished at sea in storms
mairnéalach a chuaigh síos sna huiscí doimhne
sailors who had sunk down into the deep waters
agus bhí cnámharlaigh ainmhithe talún ann
and there were skeletons of land animals
agus bhí maidí rámha, rudders, agus cófraí long
and there were oars, rudders, and chests of ships
Bhí fiú maighdean mhara beag a rug siad
There was even a little mermaid whom they had caught
caithfidh go raibh an mhaighdean mhara bhocht sáite ina lámha
the poor mermaid must have been strangled by the hands
di ba chosúil gurbh é seo an rud ba shuaite ar fad

to her this seemed the most shocking of all

ar deireadh, tháinig sí ar spás de thalamh riascach sa choill
finally, she came to a space of marshy ground in the woods
anseo bhí nathracha móra uisce ramhar ag rolladh sa mhíle
here there were large fat water snakes rolling in the mire
léirigh na nathracha a gcorp gránna, daite
the snakes showed their ugly, drab-colored bodies
I lár an láthair seo bhí teach
In the midst of this spot stood a house
Tógadh an teach as cnámha daoine longbhriste
the house was built of the bones of shipwrecked human beings
agus sa teach shuigh an cailleach farraige
and in the house sat the sea witch
bhí sí ag ligean do bharra a ithe as a béal
she was allowing a toad to eat from her mouth
díreach cosúil le nuair a bheathú daoine canáraí le píosaí siúcra
just like when people feed a canary with pieces of sugar
Ghlaoigh sí an t-uisce gránna nathracha a sicíní beaga
She called the ugly water snakes her little chickens
agus thug sí cead dá sicíní beaga a bheith ag sracadh ar fad uirthi
and she allowed her little chickens to crawl all over her

"Tá a fhios agam cad ba mhaith leat," a dúirt an cailleach farraige
"I know what you want," said the sea witch
"Tá sé an-dúr thú a bheith ag iarraidh a leithéid"
"It is very stupid of you to want such a thing"
"ach beidh do bhealach agat, pé dúr é"
"but you shall have your way, however stupid it is"
"cé go gcuirfidh do mhian faoi bhrón thú, a bhanphrionsa deas"

"though your wish will bring you to sorrow, my pretty princess"
"Ba mhaith leat fáil réidh le heireaball do mhaighdean mhara"
"You want to get rid of your mermaid's tail"
"agus ba mhaith leat dhá stumpa a bheith agat ina ionad"
"and you want to have two stumps instead"
"Déanfaidh sé seo tú cosúil leis na daoine ar domhan"
"this will make you like the human beings on earth"
"Agus ansin b'fhéidir go dtitfeadh an prionsa óg i ngrá leat"
"and then the young prince might fall in love with you"
"agus ansin b'fhéidir go mbeadh anam neamhbhásmhar agat"
"and then you might have an immortal soul"
gáire an chailleach os ard agus disgustingly
the witch laughed loud and disgustingly
thit an buaf agus na nathracha go talamh
the toad and the snakes fell to the ground
agus luigh siad ann wriggling ar an urlár
and they lay there wriggling on the floor
"Tháinig tú chugam díreach in am," ars an cailleach
"You came to me just in time," said the witch
"tar éis éirí gréine amárach bheadh sé ró-dhéanach"
"after sunrise tomorrow it would have been too late"
"Tar éis an lae amárach ní bheinn in ann cabhrú leat go deireadh bliana eile"
"after tomorrow I would not have been able to help you till the end of another year"
"Réiteoidh mé potion duit"
"I will prepare a potion for you"
"snámh suas go talamh amárach, roimh éirí gréine"
"swim up to the land tomorrow, before sunrise"
"Suidh féin ann agus ól an potion"
"seat yourself there and drink the potion"
"Tar éis duit an potion a ól beidh do eireaball imithe"
"after you drink the potion your tail will disappear"

"agus ansin beidh an rud a ghlaonn fir cosa ort"
"and then you will have what men call legs"

"**Déarfaidh gach duine gur tusa an cailín is deise ar domhan**"
"all will say you are the prettiest girl in the world"
"**Ach chuige seo beidh ort pian mhór a fhulaingt**"
"but for this you will have to endure great pain"
"**Beidh sé mar a bheadh claíomh ag dul tríot**"
"it will be as if a sword were passing through you"
"**Beidh an galántacht chéanna gluaiseachta fós agat**"
"You will still have the same gracefulness of movement"
"**Beidh sé mar má tá tú ag snámh ar an talamh**"
"it will be as if you are floating over the ground"
"**agus ní bheidh aon damhsóir ag siúl chomh héadrom leat**"
"and no dancer will ever tread as lightly as you"
"**Ach beidh gach céim a ghlacfaidh tú ina chúis le pian mór duit**"
"but every step you take will cause you great pain"
"**Beidh sé amhail is dá mbeifeá ag siúl ar sceana géara**"
"it will be as if you were treading upon sharp knives"
"**Má iompraíonn tú an fhulaingt seo go léir, cabhróidh mé leat**"
"If you bear all this suffering, I will help you"
smaoinigh an mhaighdean mhara bheag ar an bprionsa
the little mermaid thought of the prince
agus shíl sí ar an sonas anama neamhbhásmhaireachta
and she thought of the happiness of an immortal soul
"**Sea, déanfaidh mé,**" **a dúirt an banphrionsa beag**
"Yes, I will," said the little princess
ach, mar is féidir leat a shamhlú, a guth crith le eagla
but, as you can imagine, her voice trembled with fear

"**ná ruaig isteach é seo**," **ars an cailleach**
"do not rush into this," said the witch
"**Nuair a bheidh tú múnlaithe cosúil le duine, ní féidir leat filleadh ar ais**"

"once you are shaped like a human, you can never return"
"agus ní ghlacfaidh tú arís i bhfoirm maighdeana mara"
"and you will never again take the form of a mermaid"
"Ní fhillfidh tú tríd an uisce go deo chuig do dheirfiúracha"
"You will never return through the water to your sisters"
"ná ní rachaidh tú go deo go pálás d'athar arís"
"nor will you ever go to your father's palace again"
"Beidh ort grá an phrionsa a bhuachan"
"you will have to win the love of the prince"
"Caithfidh sé a bheith sásta dearmad a dhéanamh ar a athair agus a mháthair duit"
"he must be willing to forget his father and mother for you"
"agus caithfidh sé grá a thabhairt duit lena anam go léir"
"and he must love you with all of his soul"
"caithfidh an sagart do lámha a cheangal le chéile"
"the priest must join your hands together"
"agus caithfidh sé fear agus bean a dhéanamh duit i bpósadh naofa"
"and he must make you man and wife in holy matrimony"
"ach ansin beidh anam marbh agat"
"only then will you have an immortal soul"
"ach ní cead duit riamh cead a thabhairt dó bean eile a phósadh"
"but you must never allow him to marry another woman"
"Ar maidin tar éis dó bean eile a phósadh, brisfidh do chroí"
"the morning after he marries another woman, your heart will break"
"agus beidh tú cúr ar chliath na dtonn"
"and you will become foam on the crest of the waves"
d'éirigh an mhaighdean mhara bheag chomh bán leis an mbás
the little mermaid became as pale as death
"Déanfaidh mé é," a dúirt an mhaighdean mhara beag
"I will do it," said the little mermaid

"Ach ní mór dom a bheith íoctha, freisin," a dúirt an cailleach
"But I must be paid, also," said the witch
"agus ní trifle a iarraim"
"and it is not a trifle that I ask for"
"Tá an guth is binne agat ag aon duine a chónaíonn anseo"
"You have the sweetest voice of any who dwell here"
"Creideann tú gur féidir leat an Prionsa a mhealladh le do ghuth"
"you believe that you can charm the prince with your voice"
"Ach caithfidh tú do ghuth álainn a thabhairt dom"
"But your beautiful voice you must give to me"
"Is é an rud is fearr atá agat ná praghas mo phota"
"The best thing you possess is the price of my potion"
"Caithfidh an potion a mheascadh le mo chuid fola féin"
"the potion must be mixed with my own blood"
"ní dhéanann ach an meascán seo an potion chomh géar le claíomh dhá imeall"
"only this mixture makes the potion as sharp as a two-edged sword"

rinne an mhaighdean mhara iarracht cur i gcoinne an chostais
the little mermaid tried to object to the cost
"Ach má thógann tú mo ghlór amach ..." a dúirt an mhaighdean mhara bheag
"But if you take away my voice..." said the little mermaid
"Má thógann tú uait mo ghlór, cad atá fágtha dom?"
"if you take away my voice, what is left for me?"
"Do fhoirm álainn," a mhol an cailleach farraige
"Your beautiful form," suggested the sea witch
"Do shiúlóid ghrásta, agus do shúile léiritheacha"
"your graceful walk, and your expressive eyes"
"Cinnte, leis na rudaí seo is féidir leat a enchain fear croí?"
"Surely, with these things you can enchain a man's heart?"

"Bhuel, ar chaill tú do mhisneach?" a d'fhiafraigh an chailleach farraige
"Well, have you lost your courage?" the sea witch asked
"Cuir amach do theanga bhig, ionas go ngearrfaidh mé amach í"
"Put out your little tongue, so that I can cut it off"
"ansin beidh an potion cumhachtach agat"
"then you shall have the powerful potion"
"Beidh," arsa an mhaighdean mhara
"It shall be," said the little mermaid

Ansin chuir an cailleach a coire ar an tine
Then the witch placed her cauldron on the fire
"Is maith an rud glaineacht," a dúirt an cailleach farraige
"Cleanliness is a good thing," said the sea witch
sciúradh sí na soithí don nathair cheart
she scoured the vessels for the right snake
bhí na nathracha go léir ceangailte le chéile i snaidhm mhór
all the snakes had been tied together in a large knot
Ansin pricked sí í féin sa chíche
Then she pricked herself in the breast
agus lig sí an fhuil dubh titim isteach sa caldron
and she let the black blood drop into the caldron
An gal a d'ardaigh twisted féin i cruthanna Uafásach
The steam that rose twisted itself into horrible shapes
ní fhéadfadh duine ar bith breathnú ar na cruthanna gan eagla
no person could look at the shapes without fear
Gach nóiméad chaith an cailleach comhábhair nua isteach sa soitheach
Every moment the witch threw new ingredients into the vessel
ar deireadh, le gach rud istigh, thosaigh an caldron a fhiuchadh
finally, with everything inside, the caldron began to boil
bhí an fhuaim cosúil le gol crogall
there was the sound like the weeping of a crocodile

agus faoi dheireadh bhí an potion draíochta réidh
and at last the magic potion was ready
in ainneoin a chomhábhair, d'fhéach an potion mar an t-uisce is soiléire
despite its ingredients, the potion looked like the clearest water
"Tá sé, go léir duit," ars an cailleach
"There it is, all for you," said the witch
agus ansin ghearr sí teanga an mhaighdean mhara bhig
and then she cut off the little mermaid's tongue
ionas nach bhféadfadh an mhaighdean mhara bhig labhairt arís, ná canadh arís
so that the little mermaid could never again speak, nor sing again
"b'fhéidir go ndéanfadh an polaipí iarracht greim a fháil ort ar an mbealach amach"
"the polypi might try and grab you on the way out"
"Má dhéanann siad iarracht, caith cúpla braon den potion anuas orthu"
"if they try, throw over them a few drops of the potion"
"agus beidh a mhéara stróicthe ina míle píosa"
"and their fingers will be torn into a thousand pieces"
Ach ní raibh aon ghá ag an mhaighdean mhara é seo a dhéanamh
But the little mermaid had no need to do this
d'éirigh na polaipí ar ais faoi uafás nuair a chonaic siad í
the polypi sprang back in terror when they saw her
chonaic siad go raibh a teanga caillte aici don chailleach farraige
they saw she had lost her tongue to the sea witch
agus chonaic siad go raibh sí ag iompar an potion
and they saw she was carrying the potion
Scairt an potion ina lámh cosúil le réalta twinkling
the potion shone in her hand like a twinkling star

Mar sin chuaigh sí go tapa tríd an gcoill agus an riasc

So she passed quickly through the wood and the marsh
agus rith sí idir na guairneáin rushing
and she passed between the rushing whirlpools
go luath rinne sí a bealach ar ais go dtí an Pálás a hathar
soon she made her way back to the palace of her father
bhí na tóirsí go léir sa seomra bálseomra múchta
all the torches in the ballroom were extinguished
ní mór go léir laistigh den phálás a bheith ina chodladh anois
all within the palace must now be asleep
Ach ní dheachaigh sí isteach chun iad a fheiceáil
But she did not go inside to see them
bhí a fhios aici go raibh sí chun iad a fhágáil go deo
she knew she was going to leave them forever
agus bhí a fhios aici go mbrisfeadh a croí dá bhfeicfeadh sí iad
and she knew her heart would break if she saw them
chuaigh sí isteach sa ghairdín uair dheireanach
she went into the garden one last time
agus rug sí bláth ó gach aon dá deirfiúracha
and she took a flower from each one of her sisters
agus ansin d'ardaigh sí suas trí na huiscí dorcha-gorm
and then she rose up through the dark-blue waters

Buaileann an Mhaighdean Mhara Bheag leis an bPrionsa
The Little Mermaid Meets the Prince

shroich an mhaighdean mhara beag pálás an phrionsa
the little mermaid arrived at the prince's palace
ní raibh an ghrian éirithe ón bhfarraige fós
the sun had not yet risen from the sea
agus dhealraigh an ghealach go soiléir agus go geal san oíche
and the moon shone clear and bright in the night
shuigh an mhaighdean mhara bheag ag na céimeanna áille marmair
the little mermaid sat at the beautiful marble steps
agus ansin d'ól an mhaighdean mhara bheag an potion draíochta
and then the little mermaid drank the magic potion
mhothaigh sí an gearradh ar chlaíomh dhá imeall gearrtha tríthi
she felt the cut of a two-edged sword cut through her
agus thit sí i swoon, agus luigh mar aon duine marbh
and she fell into a swoon, and lay like one dead
d'éirigh an ghrian ón bhfarraige agus dhealraigh sé ar an talamh
the sun rose from the sea and shone over the land
d'éirigh sí agus bhraith sí an pian ón ngearrthóg
she recovered and felt the pain from the cut
ach sular sheas sí an prionsa óg dathúil
but before her stood the handsome young prince

Shocraigh sé a shúile guail-dubh ar an mhaighdean mhara bhig
He fixed his coal-black eyes upon the little mermaid
d'fhéach sé chomh dian sin gur chaith sí síos a súile
he looked so earnestly that she cast down her eyes
agus ansin fuair sí faoi deara go raibh a eireaball éisc imithe
and then she became aware that her fish's tail was gone

chonaic sí go raibh an péire cosa bán is deise aici
she saw that she had the prettiest pair of white legs
agus bhí cosa bídeacha aici, mar a bheadh ag aon chailín bhig
and she had tiny feet, as any little maiden would have
Ach, tar éis di teacht ón bhfarraige, ní raibh aon éadaí uirthi
But, having come from the sea, she had no clothes
mar sin fillte sí í féin ina gruaig fhada, tiubh
so she wrapped herself in her long, thick hair
D'fhiafraigh an prionsa dí cérbh í agus cén áit ar tháinig sí
The prince asked her who she was and whence she came
Bhreathnaigh sí air go mín agus go brónach
She looked at him mildly and sorrowfully
ach bhí sí a fhreagairt lena súile gorm domhain
but she had to answer with her deep blue eyes
mar ní raibh an mhaighdean mhara beag ábalta labhairt a thuilleadh
because the little mermaid could not speak anymore
Thóg sé ar láimh í agus thug go dtí an Pálás í
He took her by the hand and led her to the palace

Gach céim a thóg sí bhí sé mar a dúirt an cailleach go mbeadh sé
Every step she took was as the witch had said it would be
bhraith sí amhail is dá mbeadh sí ag treading ar sceana géara
she felt as if she were treading upon sharp knives
Chaith sí pian a mian go toilteanach, áfach
She bore the pain of her wish willingly, however
agus ghluais sí ar thaobh an phrionsa chomh héadrom le bolgán
and she moved at the prince's side as lightly as a bubble
gach duine a chonaic sí ionadh faoina gluaiseachtaí galánta, luascadh
all who saw her wondered at her graceful, swaying movements

Ba ghearr go raibh sí gléasta i róbaí costasacha síoda agus muslin
She was very soon arrayed in costly robes of silk and muslin
agus bhí sí ar an créatúr is áille sa phálás
and she was the most beautiful creature in the palace
ach bhí cuma balbh uirthi, agus níorbh fhéidir léi labhairt ná canadh
but she appeared dumb, and could neither speak nor sing

bhí sclábhaithe ban álainn, cóirithe le síoda agus ór
there were beautiful female slaves, dressed in silk and gold
sheas siad ar aghaidh agus ag canadh os comhair an teaghlaigh ríoga
they stepped forward and sang in front of the royal family
d'fhéadfadh gach sclábhaí canadh níos fearr ná an chéad cheann eile
each slave could sing better than the next one
agus bhuail an prionsa a lámha agus rinne aoibh uirthi
and the prince clapped his hands and smiled at her
Ba mhór an trua é seo don mhaighdean mhara
This was a great sorrow to the little mermaid
bhí a fhios aici cé mhéad níos binne a bhí sí in ann a chanadh
she knew how much more sweetly she was able to sing
"má bhí a fhios aige gur thug mé mo ghlór ar shiúl le bheith in éineacht leis!"
"if only he knew I have given away my voice to be with him!"

bhí ceol á sheinm ag ceolfhoireann
there was music being played by an orchestra
agus rinne na sclábhaithe roinnt damhsaí deasa cosúil le sióg
and the slaves performed some pretty, fairy-like dances
Ansin d'ardaigh an mhaighdean mhara beag a lámha álainn bán
Then the little mermaid raised her lovely white arms

sheas sí ar leideanna a bharraicíní cosúil le ballerina
she stood on the tips of her toes like a ballerina
agus glid sí thar an urlár mar éan os cionn uisce
and she glided over the floor like a bird over water
agus rinne sí rince mar ní raibh aon duine fós in ann rince
and she danced as no one yet had been able to dance
Ag gach nóiméad bhí a áilleacht níos mó le fios
At each moment her beauty was more revealed
ba mhealltach ar fad, don chroí, a súile léiritheacha
most appealing of all, to the heart, were her expressive eyes
Bhí gach duine faoi dhraíocht aici, go háirithe an prionsa
Everyone was enchanted by her, especially the prince
ghlaoigh an prionsa uirthi a lorgaire beag bodhar
the prince called her his deaf little foundling
agus lean sí uirthi go sona sásta ag damhsa, chun an prionsa a shásamh
and she happily continued to dance, to please the prince
ach ní mór dúinn cuimhneamh ar an pian a endured sí as a pléisiúir
but we must remember the pain she endured for his pleasure
bhraith gach céim ar an urlár amhail is dá trod sí ar sceana géara
every step on the floor felt as if she trod on sharp knives

Dúirt an prionsa gur cheart di fanacht leis i gcónaí
The prince said she should remain with him always
agus tugadh cead di codladh ag a dhoras
and she was given permission to sleep at his door
thug siad cúisín veilbhit léi chun luí air
they brought a velvet cushion for her to lie on
agus bhí culaith leathanaigh déanta ag an bprionsa di
and the prince had a page's dress made for her
ar an mbealach seo d'fhéadfadh sí a bheith in éineacht leis ar horseback
this way she could accompany him on horseback
Chuaidh siad le chéile tríd na coillte mín-slighte

They rode together through the sweet-scented woods
sa choill bhain na craobhacha glasa lena ngualainn
in the woods the green branches touched their shoulders
agus na héin bheaga ag canadh i measc na nduilleog úra
and the little birds sang among the fresh leaves
Dhreap sí leis go dtí bairr na sléibhte arda
She climbed with him to the tops of high mountains
agus cé go fuil a cosa tairisceana, aoibh sí amháin
and although her tender feet bled, she only smiled
lean sí é go raibh na scamaill faoina bhun
she followed him till the clouds were beneath them
mar ealta éan ag eitilt go tailte i bhfad i gcéin
like a flock of birds flying to distant lands

nuair a bhí gach duine ina chodladh shuigh sí ar na céimeanna leathan marmair
when all were asleep she sat on the broad marble steps
mhaolaigh sé a cosa dhó chun iad a fholcadh san uisce fuar
it eased her burning feet to bathe them in the cold water
Is ansin a smaoinigh sí orthu siúd go léir san fharraige
It was then that she thought of all those in the sea
Uair amháin, i rith na hoíche, tháinig a deirfiúracha suas, lámh i lámh
Once, during the night, her sisters came up, arm in arm
canadh siad go brónach agus iad ag snámh ar an uisce
they sang sorrowfully as they floated on the water
Adeir sí leo, agus d'aithin siad í
She beckoned to them, and they recognized her
d'inis siad di mar a bhí brón acu ar an deirfiúr ab óige
they told her how they had grieved their youngest sister
tar éis sin, tháinig siad go dtí an áit chéanna gach oíche
after that, they came to the same place every night
Nuair a chonaic sí i gcéin a seanmháthair
Once she saw in the distance her old grandmother
ní raibh sí ar dhromchla na farraige le blianta fada
she had not been to the surface of the sea for many years

agus an Sean-Rí Mara, a hathair, agus a choróin ar a cheann
and the old Sea King, her father, with his crown on his head
tháinig sé freisin go dtí an áit a bhféadfadh sí é a fheiceáil
he too came to where she could see him
Shín siad amach a lámha i dtreo di
They stretched out their hands towards her
ach níor fhiontar siad chomh gar don talamh lena deirfiúracha
but they did not venture as near the land as her sisters

De réir mar a chuaigh na laethanta thart bhí grá níos mó aici don phrionsa
As the days passed she loved the prince more dearly
agus bhí grá aige di mar a bheadh grá ag duine do leanbh beag
and he loved her as one would love a little child
Níor tháinig an smaoineadh air chun í a dhéanamh dá bhean
The thought never came to him to make her his wife
ach, mura phós sé í, ní thiocfadh a mian go deo fíor
but, unless he married her, her wish would never come true
mura phós sé í ní fhéadfadh sí anam bás a fháil
unless he married her she could not receive an immortal soul
agus dá bpósfadh sé duine eile bheadh a brionglóidí ar lár
and if he married another her dreams would shatter
ar maidin tar éis a phósta dhíscaoilfeadh sí
on the morning after his marriage she would dissolve
agus thiocfadh an mhaighdean mhara bhig mar chuar na fairrge
and the little mermaid would become the foam of the sea

ghlac an prionsa an mhaighdean mhara beag ina arm
the prince took the little mermaid in his arms
agus phóg sé í ar a mhullach
and he kissed her on her forehead
lena súile rinne sí a iarraidh air
with her eyes she tried to ask him

"Nach bhfuil grá agat dom an chuid is mó acu go léir?"
"Do you not love me the most of them all?"
"Sea, tá tú daor liom," a dúirt an prionsa
"Yes, you are dear to me," said the prince
"toisc go bhfuil an croí is fearr agat"
"because you have the best heart"
"agus is tusa an duine is mó atá dírithe orm"
"and you are the most devoted to me"
"Tá tú cosúil le maidín óg a chonaic mé uair amháin"
"You are like a young maiden whom I once saw"
"ach ní buailfidh me go deó leis an nduine óg so arís"
"but I shall never meet this young maiden again"
"Bhí mé i long a bhí scriosta"
"I was in a ship that was wrecked"
"agus chaith na tonnta mé i dtír in aice le teampall naofa"
"and the waves cast me ashore near a holy temple"
"ag an teampall rinne roinnt maidín óga an tseirbhís"
"at the temple several young maidens performed the service"
"Fuair an mhaighdean is óige mé ar an gcladach"
"The youngest maiden found me on the shore"
"agus shábháil an duine ab óige de na hóglaigh mo shaol"
"and the youngest of the maidens saved my life"
"Chonaic mé í ach faoi dhó," a mhínigh sé
"I saw her but twice," he explained
"agus is í an t-aon duine ar domhan a bhféadfadh grá a bheith agam"
"and she is the only one in the world whom I could love"
"Ach tá tú cosúil léi," a dúirt sé leis an mhaighdean mhara beag
"But you are like her," he reassured the little mermaid
"agus is beag nach bhfuil a íomhá tiomáinte agat as m'intinn"
"and you have almost driven her image from my mind"
"Baineann sí leis an teampall naofa"
"She belongs to the holy temple"
"Chuir an dea-ádh ort seachas í a chur chugam"

"good fortune has sent you instead of her to me"
"Ní scarfaimid go deo," a chuir sé ar a suaimhneas don mhaighdean mhara
"We will never part," he comforted the little mermaid

ach ní fhéadfadh an mhaighdean mhara bheag cabhrú ach osna
but the little mermaid could not help but sigh
"níl fhios aige gur mise a shábháil a bheatha"
"he knows not that it was I who saved his life"
"D'iompair mé thar farraige é go dtí an áit a bhfuil an teampall"
"I carried him over the sea to where the temple stands"
"Shuigh mé faoin cúr go dtáinig an duine chun cabhrú leis"
"I sat beneath the foam till the human came to help him"
"Chonaic mé an cailín deas a bhfuil grá aige"
"I saw the pretty maiden that he loves"
"an mhaighdean deas go bhfuil níos mó grá aige ná mé"
"the pretty maiden that he loves more than me"
Chlaon an mhaighdean mhara go domhain, ach níor fhéad sí gol
The mermaid sighed deeply, but she could not weep
"Deir sé gur leis an teampall naofa an inghean"
"He says the maiden belongs to the holy temple"
"mar sin ní fhillfidh sí ar an saoghal"
"therefore she will never return to the world"
"Ní bheidh siad le chéile níos mó," a bhí súil ag an mhaighdean mhara beag
"they will meet no more," the little mermaid hoped
"Táim lena thaobh agus feicim gach lá é"
"I am by his side and see him every day"
"Beidh mé ag tabhairt aire dó, agus grá dó"
"I will take care of him, and love him"
"agus tabharfaidh mé suas mo shaol ar a son"
"and I will give up my life for his sake"

Lá na Bainise
The Day of the Wedding

Go han-luath dúradh go raibh an prionsa chun pósadh
Very soon it was said that the prince was going to marry
bhí iníon álainn rí chomharsa
there was the beautiful daughter of a neighbouring king
dúradh go mbeadh sí ina bhean chéile
it was said that she would be his wife
don ócáid a bhí long bhreá á feistiú
for the occasion a fine ship was being fitted out
dúirt an prionsa nach raibh i gceist aige ach cuairt a thabhairt ar an rí
the prince said he intended only to visit the king
cheap siad nach raibh sé ag dul ach chun bualadh leis an banphrionsa
they thought he was only going so as to meet the princess
Rinne an mhaighdean mhara aoibh gháire agus chroith sí a ceann
The little mermaid smiled and shook her head
Bhí a fhios aici smaointe an phrionsa níos fearr ná na cinn eile
She knew the prince's thoughts better than the others

"Caithfidh mé siubhal," a dúirt sé léi
"I must travel," he had said to her
"Caithfidh mé an banphrionsa álainn seo a fheiceáil"
"I must see this beautiful princess"
"Tá mo thuismitheoirí ag iarraidh orm dul chun í a fheiceáil"
"My parents want me to go and see her"
"ach ní chuirfidh siad iallach orm í a thabhairt abhaile mar mo bhrídeog"
"but they will not oblige me to bring her home as my bride"
"Tá a fhios agat nach féidir liom grá di"
"you know that I cannot love her"
"toisc nach bhfuil sí cosúil leis an inghean álainn sa teampall"

"because she is not like the beautiful maiden in the temple"
"an maidín bhreágh is cosamhail leat"
"the beautiful maiden whom you resemble"
"Dá mbeadh orm Bride a roghnú, roghnóinn tú"
"If I were forced to choose a bride, I would choose you"
"mo bhodhair, leis na súile léiritheacha sin"
"my deaf foundling, with those expressive eyes"
Ansin phóg sé a béal rosy
Then he kissed her rosy mouth
agus d'imir sé léi gruaig fhada shnasta
and he played with her long, waving hair
agus leag sé a cheann ar a croí
and he laid his head on her heart
shamhlaigh sí sonas daonna agus anam neamhbhásmhar
she dreamed of human happiness and an immortal soul

sheasadar ar dheic na luinge uasail
they stood on the deck of the noble ship
"Níl eagla na farraige ort, an bhfuil?" ar seisean
"You are not afraid of the sea, are you?" he said
bhí an long chun iad a iompar go dtí an tír chomharsanacht
the ship was to carry them to the neighbouring country
Ansin d'inis sé di faoi stoirmeacha agus calms
Then he told her of storms and of calms
d'inis sé di faoi iasc aisteach go domhain faoin uisce
he told her of strange fishes deep beneath the water
agus d'innis sé di cad a chonaic na tumadóirí ann
and he told her of what the divers had seen there
Aoibh sí ar a chuid tuairiscí, beagán amused
She smiled at his descriptions, slightly amused
bhí a fhios aici níos fearr cad iad na hiontais a bhí ag bun na farraige
she knew better what wonders were at the bottom of the sea

shuigh an mhaighdean mhara bheag ar an deic faoi sholas na gealaí
the little mermaid sat on the deck at moonlight

bhí gach duine ar bord ina chodladh, ach amháin an fear a bhí i gceannas
all on board were asleep, except the man at the helm
agus gazed sí síos tríd an uisce glan
and she gazed down through the clear water
Shíl sí go bhféadfadh sí idirdhealú a dhéanamh ar chaisleán a hathar
She thought she could distinguish her father's castle
agus sa chaisleán go bhfeicfeadh sí a seanmháthair
and in the castle she could see her aged grandmother
Ansin tháinig a deirfiúracha amach as na tonnta
Then her sisters came out of the waves
agus dhearc siad ar a ndeirfiúr go caoin
and they gazed at their sister mournfully
Beckoned sí chun a deirfiúracha, agus aoibh
She beckoned to her sisters, and smiled
theastaigh uaithi a rá leo cé chomh sásta agus chomh maith agus a bhí sí
she wanted to tell them how happy and well off she was
Ach tháinig an buachaill cábáin agus thit a deirfiúracha síos
But the cabin boy approached and her sisters dived down
cheap sé gurb é an rud a chonaic sé cúr na farraige
he thought what he saw was the foam of the sea

An mhaidin dár gcionn chuaigh an long isteach sa chuan
The next morning the ship got into the harbour
tháinig siad i mbaile álainn cois cósta
they had arrived in a beautiful coastal town
ar theacht dóibh cuireadh cloigíní na heaglaise rompu
on their arrival they were greeted by church bells
agus ó na túir arda sounded bláth trumpaí
and from the high towers sounded a flourish of trumpets
shaighdiúir a líneáil na bóithre trína ndeachaigh siad
soldiers lined the roads through which they passed
Saighdiúirí, le dathanna eitilte agus beaignití glittering
Soldiers, with flying colors and glittering bayonets

Gach lá go raibh siad ann bhíodh féile
Every day that they were there there was a festival
eagraíodh liathróidí agus siamsaíocht don imeacht
balls and entertainments were organised for the event
Ach ní raibh an banphrionsa tar éis a chuma a dhéanamh fós
But the princess had not yet made her appearance
tógadh í agus cuireadh oideachas uirthi i dteach creidimh
she had been brought up and educated in a religious house
bhí sí ag foghlaim gach bua ríoga banphrionsa
she was learning every royal virtue of a princess

Ar deireadh, rinne an banphrionsa a cuma ríoga
At last, the princess made her royal appearance
Bhí fonn ar an mhaighdean mhara í a fheiceáil
The little mermaid was anxious to see her
bhí a fhios aici an raibh sí go hálainn
she had to know whether she really was beautiful
agus bhí sé d'oibleagáid uirthi a admháil go raibh sí i ndáiríre álainn
and she was obliged to admit she really was beautiful
ní fhaca sí fís áilleachta níos foirfe
she had never seen a more perfect vision of beauty
Bhí a craiceann mín cothrom
Her skin was delicately fair
agus a súile gorm gáire ag taitneamh le fírinne agus íonacht
and her laughing blue eyes shone with truth and purity
"Tusa a bhí ann," arsa an prionsa
"It was you," said the prince
"Shábháil tú mo shaol nuair a luigh mé amhail is dá mba marbh ar an trá"
"you saved my life when I lay as if dead on the beach"
"agus bhí a bhríste blushing ina arm"
"and he held his blushing bride in his arms"
"Ó, tá mé ró-sásta!" ar seisean leis an mhaighdean mhara
"Oh, I am too happy!" said he to the little mermaid
"tá mo dhóchas comhlíonta anois"

"my fondest hopes are now fulfilled"
"Beidh tú áthas ar mo sonas"
"You will rejoice at my happiness"
"Toisc go bhfuil do thiomantas dom iontach agus ó chroí"
"because your devotion to me is great and sincere"
Phóg an mhaighdean mhara bheag lámh an phrionsa
The little mermaid kissed the prince's hand
agus bhraith sí amhail is dá mbeadh a croí briste cheana féin
and she felt as if her heart were already broken
maidin a bhainis ag dul chun báis a thabhairt di
the morning of his wedding was going to bring death to her
bhí a fhios aici go raibh sí le bheith ina cúr na farraige
she knew she was to become the foam of the sea

ghlaoigh fuaim na gcloch eaglaise tríd an mbaile
the sound of the church bells rang through the town
mharcaigh na healtaigh tríd an mbaile ag fógairt an ghealltanais
the heralds rode through the town proclaiming the betrothal
Dódh ola chumhrán i lampaí airgid ar gach altóir
Perfumed oil was burned in silver lamps on every altar
Tharraing na sagairt na cinsirí thar an lánúin
The priests waved the censers over the couple
agus cheangail an bhean agus an fear pósta lena lámha
and the bride and the bridegroom joined their hands
agus fuair siad beannacht an easpag
and they received the blessing of the bishop
Bhí an mhaighdean mhara bheag gléasta le síoda agus le hór
The little mermaid was dressed in silk and gold
sheas sí suas gúna na Bride, i bpian mór
she held up the bride's dress, in great pain
ach níor chuala a cluasa aon rud faoi cheol na féile
but her ears heard nothing of the festive music
agus ní fhaca a súile an searmanas naofa
and her eyes saw not the holy ceremony
Shíl sí ar oíche an bháis ag teacht chuici

She thought of the night of death coming to her
agus rinne sí caoineadh ar gach a chaill sí ar domhan
and she mourned for all she had lost in the world

an tráthnóna sin chuaigh an Bride agus an fear pósta ar bord na loinge
that evening the bride and bridegroom boarded the ship
bhí gunnaí móra na loinge ag gol chun an ócáid a cheiliúradh
the ship's cannons were roaring to celebrate the event
agus bhí bratacha na ríochta go léir ar lasadh
and all the flags of the kingdom were waving
i lár na loinge bhí puball curtha suas
in the centre of the ship a tent had been erected
sa phuball bhí na leapacha codlata do na póstaí nua
in the tent were the sleeping couches for the newlyweds
bhí na gaotha fabhrach chun an fharraige chiúin a loingseoireacht
the winds were favourable for navigating the calm sea
agus glioscar an long chomh mín le héanlaith na spéire
and the ship glided as smoothly as the birds of the sky

Nuair a d'fhás sé dorcha, lasadh roinnt lampaí daite
When it grew dark, a number of colored lamps were lighted
rinne na mairnéalaigh agus an teaghlach ríoga rince go suairc ar an deic
the sailors and royal family danced merrily on the deck
Ní fhéadfadh an mhaighdean mhara bheag cabhrú le smaoineamh ar a lá breithe
The little mermaid could not help thinking of her birthday
an lá a d'éirigh sí as an bhfarraige don chéad uair
the day that she rose out of the sea for the first time
ceiliúradh a leithéid de fhéilte lúcháireacha an lá sin
similar joyful festivities were celebrated on that day
smaoinigh sí ar an iontas agus an dóchas a bhraith sí an lá sin

she thought about the wonder and hope she felt that day
leis na cuimhní taitneamhacha sin, chuaigh sí isteach sa rince freisin
with those pleasant memories, she too joined in the dance
ar a cosa pianmhar, shuigh sí í féin san aer
on her paining feet, she poised herself in the air
an chaoi a n-iompaíonn fáinleog é féin agus é sa tóir ar chreiche
the way a swallow poises itself when in pursued of prey
chuir na mairnéalaigh agus na seirbhísigh gean uirthi go hiontach
the sailors and the servants cheered her wonderingly
Ní raibh sí ag rince chomh galánta sin roimhe seo
She had never danced so gracefully before
Mhothaigh a cosa tairisceana amhail is dá mba gearrtha le sceana géara
Her tender feet felt as if cut with sharp knives
ach is beag a thug sí aire do phian a cosa
but she cared little for the pain of her feet
bhí pian i bhfad níos géire ag polladh a croí
there was a much sharper pain piercing her heart

Bhí a fhios aici gurbh é seo an tráthnóna deiridh a bhfeicfeadh sí go deo é
She knew this was the last evening she would ever see him
an prionnsa dár thréig sí a gaol agus a baile
the prince for whom she had forsaken her kindred and home
Thug sí suas a guth álainn dó
She had given up her beautiful voice for him
agus gach lá d'fhulaing sí pian gan éisteacht dó
and every day she had suffered unheard-of pain for him
d'fhulaing sí seo go léir, cé go raibh a fhios aige aon rud ar a pian
she suffered all this, while he knew nothing of her pain
ba é an tráthnóna deiridh a bhí sí anáil an aer céanna leis
it was the last evening she would breath the same air as him

ba é an tráthnóna deiridh a bheadh sí ag amharc ar an spéir réaltach céanna
it was the last evening she would gaze on the same starry sky
ba é an tráthnóna deiridh a bheadh sí ag amharc isteach san fharraige domhain
it was the last evening she would gaze into the deep sea
ba é an tráthnóna deiridh a bheadh sí ag amharc isteach ar an oíche shíoraí
it was the last evening she would gaze into the eternal night
oíche shíoraí gan smaointe ná brionglóidí ag fanacht léi
an eternal night without thoughts or dreams awaited her
Rugadh í gan anam, agus anois ní fhéadfadh sí ceann a bhuachan
She was born without a soul, and now she could never win one

Bhí áthas agus gean ar an long go dtí i bhfad tar éis meán oíche
All was joy and gaiety on the ship until long after midnight
Rinne sí aoibh agus damhsa leis na daoine eile ar an long ríoga
She smiled and danced with the others on the royal ship
ach rinne sí rince fad is a bhí smaoineamh an bháis ina croí
but she danced while the thought of death was in her heart
bhí uirthi féachaint ar an bprionsa ag rince leis an bhanphrionsa
she had to watch the prince dance with the princess
bhí uirthi féachaint nuair a phóg an Prionsa a Bride álainn
she had to watch when the prince kissed his beautiful bride
bhí uirthi féachaint ar a súgradh le gruaig fitheach an phrionsa
she had to watch her play with the prince's raven hair
agus bhí uirthi féachaint orthu dul isteach sa phuball, lámh i lámh
and she had to watch them enter the tent, arm in arm

Tar éis na Bainise
After the Wedding

Tar éis dóibh imeacht bhí siad go léir fós ar bord na loinge
After they had gone all became still on board the ship
ní raibh ach an píolótach, a sheas ag an stiúir, fós ina dhúiseacht
only the pilot, who stood at the helm, was still awake
Lean an mhaighdean mhara bheag ar imeall an tsoithigh
The little mermaid leaned on the edge of the vessel
d'fhéach sí i dtreo an oirthir don chéad blush na maidine
she looked towards the east for the first blush of morning
an chéad gha daoíne, a bhí le fághailt aici
the first ray of the dawn, which was to be her death
ó i bhfad i gcéin chonaic sí a deirfiúracha ag éirí as an bhfarraige
from far away she saw her sisters rising out of the sea
Bhí siad chomh pale leis an eagla is a bhí sí
They were as pale with fear as she was
ach ní raibh a gcuid gruaige álainn sa ghaoth a thuilleadh
but their beautiful hair no longer waved in the wind
"Thugamar ár gcuid gruaige don chailleach," ol siad
"We have given our hair to the witch," said they
"ionas nach mbeidh ort bás anocht"
"so that you do not have to die tonight"
"mar gheall ar ár gcuid gruaige fuaireamar an scian seo"
"for our hair we have obtained this knife"
"Roimh éirí na gréine caithfidh tú an scian seo a úsáid"
"Before the sun rises you must use this knife"
"Caithfidh tú an scian a chur isteach i gcroílár an phrionsa"
"you must plunge the knife into the heart of the prince"
"Caithfidh fuil te an phrionsa titim ar do chosa"
"the warm blood of the prince must fall upon your feet"
"agus ansin beidh do chosa ag fás le chéile arís"
"and then your feet will grow together again"
"áit a bhfuil cosa agat beidh eireaball éisc agat arís"

"where you have legs you will have a fish's tail again"
"agus an áit a raibh tú daonna beidh tú i do mhaighdean mhara arís"
"and where you were human you will once more be a mermaid"
"Is féidir leat filleadh ansin chun cónaí linn, faoin bhfarraige"
"then you can return to live with us, under the sea"
"agus tabharfar duit do thrí chéad bliain de mhaighdean mhara"
"and you will be given your three hundred years of a mermaid"
"agus is ansin a athrófar go cúr mara goirt thú"
"and only then will you be changed into the salty sea foam"
"Deifir, mar sin; caithfidh sé nó tú bás roimh éirí gréine"
"Haste, then; either he or you must die before sunrise"
"Bíonn ár sean-seanmháthair ag caoineadh ar do shon de ló is d'oíche"
"our old grandmother mourns for you day and night"
"Tá a cuid gruaige bán ag titim amach"
"her white hair is falling out"
"Díreach mar a thit ár gcuid gruaige faoi siosúr na cailleach"
"just as our hair fell under the witch's scissors"
"Marbh an prionsa, agus tar ar ais," d'impigh siad uirthi
"Kill the prince, and come back," they begged her
"Nach bhfeiceann tú an chéad stríoca dearga sa spéir?"
"Do you not see the first red streaks in the sky?"
"I gceann cúpla nóiméad beidh an ghrian ag ardú, agus gheobhaidh tú bás"
"In a few minutes the sun will rise, and you will die"
tar éis dóibh a ndícheall a dhéanamh, rinne a deirfiúracha sigh go domhain
having done their best, her sisters sighed deeply
go brónach chuaigh a deirfiúracha go tóin poill ar ais faoi na tonnta
mournfully her sisters sank back beneath the waves

agus fágadh an mhaighdean mhara bheag leis an sgian ina lámha
and the little mermaid was left with the knife in her hands

tharraing sí ar ais an cuirtín corcairdhearg den phuball
she drew back the crimson curtain of the tent
agus sa phuball chonaic sí an bhrídeog álainn
and in the tent she saw the beautiful bride
bhí a aghaidh ina luí ar chíche an phrionsa
her face was resting on the prince's breast
agus ansin d'fhéach an mhaighdean mhara beag ar an spéir
and then the little mermaid looked at the sky
ar na spéire d'fhás an breacadh an lae rosy níos gile agus níos gile
on the horizon the rosy dawn grew brighter and brighter
Bhreathnaigh sí ar an scian géar ina lámha
She glanced at the sharp knife in her hands
agus arís shocraigh sí a súile ar an bprionsa
and again she fixed her eyes on the prince
Chrom sí síos agus phóg a mhala uasal
She bent down and kissed his noble brow
do labhair sé ainm a bhríste ina aisling
he whispered the name of his bride in his dreams
bhí sé ag brionglóid ar an bhanphrionsa a phós sé
he was dreaming of the princess he had married
crith i láimh an mhaighdean mhara bhig
the knife trembled in the hand of the little mermaid
ach flung sí an scian i bhfad isteach san fharraige
but she flung the knife far into the sea

áit ar thit an scian chas an t-uisce dearg
where the knife fell the water turned red
bhí cuma fola ar na braonacha a d'éirigh as
the drops that spurted up looked like blood
Chaith sí súil dheireanach amháin ar an bprionsa a raibh grá aici dó

She cast one last look upon the prince she loved
pollta an ghrian an spéir lena saigheada órga
the sun pierced the sky with its golden arrows
agus chaith sí í féin ón long isteach san fharraige
and she threw herself from the ship into the sea
mhothaigh an mhaighdean mhara bhig a corp ag tuaslagadh ina cúr
the little mermaid felt her body dissolving into foam
agus gach a d'ardaigh go dtí an dromchla a bhí boilgeoga aeir
and all that rose to the surface were bubbles of air
thit gathanna te na gréine ar an cúr fuar
the sun's warm rays fell upon the cold foam
ach níor mhothaigh sí amhail is dá mbeadh sí ag fáil bháis
but she did not feel as if she were dying
ar bhealach aisteach bhraith sí teas na gréine geal
in a strange way she felt the warmth of the bright sun
chonaic sí na céadta créatúir álainn trédhearcach
she saw hundreds of beautiful transparent creatures
bhí na créatúir ar snámh timpeall uirthi
the creatures were floating all around her
tríd na créatúir d'fhéadfadh sí seolta bán na long a fheiceáil
through the creatures she could see the white sails of the ships
agus idir sheolta na long chonaic sí na scamaill dearga sa spéir
and between the sails of the ships she saw the red clouds in the sky
Bhí a gcuid cainte binn agus leanbhúil
Their speech was melodious and childlike
ach ní raibh a gcuid cainte le cloisteáil le cluasa marfach
but their speech could not be heard by mortal ears
ná níorbh fhéidir a gcorp a fheiceáil trí shúile an bháis
nor could their bodies be seen by mortal eyes
Thuig an mhaighdean mhara go raibh sí cosúil leo
The little mermaid perceived that she was like them
agus bhraith sí go raibh sí ag ardú níos airde agus níos airde

and she felt that she was rising higher and higher
"Cá bhfuil mé?" d'iarr sí, agus sounded a guth ethereal
"Where am I?" asked she, and her voice sounded ethereal
níl aon cheol domhanda ann a d'fhéadfadh aithris a dhéanamh uirthi
there is no earthly music that could imitate her
"Tá tú i measc iníonacha an aeir," d'fhreagair duine acu
"you are among the daughters of the air," answered one of them
"Níl anam marbh ag maighdean mhara"
"A mermaid has not an immortal soul"
"Ní féidir le maighdeana mara anamacha bás a fháil"
"nor can mermaids obtain immortal souls"
"mura mbuaileann sí grá an duine"
"unless she wins the love of a human being"
"ar thoil duine eile crochadh a cinniúint shíoraí"
"on the will of another hangs her eternal destiny"
"Mar thusa, níl anamacha neamhbhásmhara againn ach an oiread"
"like you, we do not have immortal souls either"
"Ach is féidir linn anam bás a fháil trínár ngníomhartha"
"but we can obtain an immortal soul by our deeds"
"Eitiltimid go tíortha teo agus fuaraimid an t-aer sultry"
"We fly to warm countries and cool the sultry air"
"an teas a mhilleann an cine daonna le lot"
"the heat that destroys mankind with pestilence"
"Déanaimid cumhrán na bláthanna"
"We carry the perfume of the flowers"
"agus scaipeann muid sláinte agus athchóiriú"
"and we spread health and restoration"

"ar feadh trí chéad bliain tá muid ag taisteal an domhain mar seo"
"for three hundred years we travel the world like this"
"San am sin déanaimid ár ndícheall an mhaith ar fad a dhéanamh inár gcumhacht"

"in that time we strive to do all the good in our power"
"má éiríonn linn faighimid anam marbh"
"if we succeed we receive an immortal soul"
"agus ansin glacaimid páirt freisin i sonas an chine daonna"
"and then we too take part in the happiness of mankind"
"Tá do dhícheall déanta agat, a mhaighdean mhara bhocht"
"You, poor little mermaid, have done your best"
"Tá iarracht déanta agat le do chroí go léir a dhéanamh mar atáimid ag déanamh"
"you have tried with your whole heart to do as we are doing"
"D'fhulaing tú agus d'fhulaing tú pian ollmhór"
"You have suffered and endured an enormous pain"
"Trí do ghníomhartha maithe d'ardaigh tú tú féin i saol na spioraid"
"by your good deeds you raised yourself to the spirit world"
"agus anois beidh tú i do chónaí linn ar feadh trí chéad bliain"
"and now you will live alongside us for three hundred years"
"Trí dícheall a dhéanamh mar sinne, is féidir leat anam bás a fháil"
"by striving like us, you may obtain an immortal soul"
Thóg an mhaighdean mhara bheag a súile glórach i dtreo na gréine
The little mermaid lifted her glorified eyes toward the sun
don chéad uair, bhraith sí a súile ag líonadh le deora
for the first time, she felt her eyes filling with tears

Ar an long a d'fhág sí bhí saol agus torann
On the ship she had left there was life and noise
chonaic sí an prionsa agus a bhrídeog álainn sa tóir uirthi
she saw the prince and his beautiful bride searching for her
Faraor, amharc siad ar an cúr pearly
Sorrowfully, they gazed at the pearly foam
bhí sé amhail is dá mbeadh a fhios acu gur chaith sí í féin isteach sna tonnta
it was as if they knew she had thrown herself into the waves

Gan radharc, phóg sí forehead an bhrídeog
Unseen, she kissed the forehead of the bride
agus ansin d'ardaigh sí le leanaí eile an aer
and then she rose with the other children of the air
le chéile chuaigh siad go dtí scamall rosy a snámh thuas
together they went to a rosy cloud that floated above

"Tar éis trí chéad bliain," thosaigh duine acu ag míniú
"After three hundred years," one of them started explaining
"Snámhfaimid ansin isteach i ríocht na bhflaitheas," ar sise
"then we shall float into the kingdom of heaven," said she
"Agus is féidir linn a fháil fiú ann níos luaithe," whispered a companion
"And we may even get there sooner," whispered a companion
"Ní féidir linn a fheiceáil dul isteach sna tithe ina bhfuil leanaí"
"Unseen we can enter the houses where there are children"
"i gcuid de na tithe faighimid clann mhaith"
"in some of the houses we find good children"
"Is iad na leanaí seo áthas a dtuismitheoirí"
"these children are the joy of their parents"
"agus tá grá a dtuismitheoirí tuillte ag na leanaí seo"
"and these children deserve the love of their parents"
"Giorraíonn leanaí den sórt sin am ár promhaidh"
"such children shorten the time of our probation"
"Níl a fhios ag an leanbh nuair a eitilt againn tríd an seomra"
"The child does not know when we fly through the room"
"agus ní heol dóibh go ndéanaimid miongháire le lúcháir ar a ndea-iompar"
"and they don't know that we smile with joy at their good conduct"
"mar sin tagann ár mbreithiúnas lá amháin níos luaithe"
"because then our judgement comes one day sooner"
"Ach feicimid leanaí dána agus olc freisin"
"But we see naughty and wicked children too"

"Nuair a fheiceann muid leanaí den sórt sin chaill muid deora an bhróin"
"when we see such children we shed tears of sorrow"
"agus do gach cuimilt a chaillimid cuirtear lá lenár gcuid ama"
"and for every tear we shed a day is added to our time"

www.ingramcontent.com/pod-product-compliance
Lightning Source LLC
Chambersburg PA
CBHW012007090526
44590CB00026B/3909